Beyond the Haze
청소년 마약 예방 교육 가이드

Beyond the Haze 청소년 마약 예방 교육 가이드
학부모, 교사, 전문 강사를 위한

초판 1쇄 발행 2024년 2월 5일

지은이 곽준호, 이재호
펴낸이 장길수
펴낸곳 지식과감성#
출판등록 제2012-000081호

교정 김서아
디자인 이현
편집 이현
검수 이주희
마케팅 김윤길, 정은혜

주소 서울시 금천구 벚꽃로298 대륭포스트타워6차 1212호
전화 070-4651-3730~4
팩스 070-4325-7006
이메일 ksbookup@naver.com
홈페이지 www.knsbookup.com

ISBN 979-11-392-1608-0(03370)
값 17,000원

- 이 책의 판권은 지은이에게 있습니다.
- 이 책 내용의 전부 또는 일부를 재사용하려면 반드시 지은이의 서면 동의를 받아야 합니다.
- 잘못된 책은 구입하신 곳에서 바꾸어 드립니다.

지식과감성#
홈페이지 바로가기

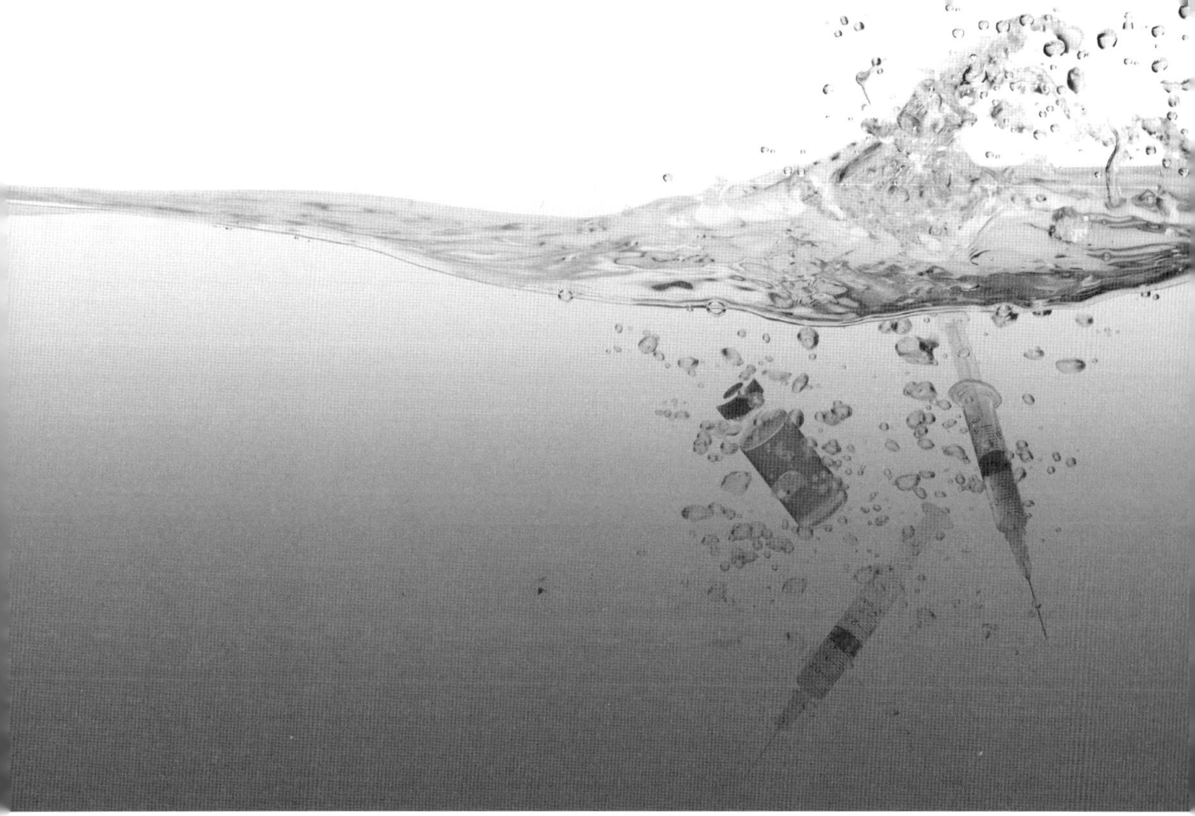

Beyond the Haze

청소년 마약 예방 교육 가이드

학부모, 교사, 전문 강사를 위한

곽준호 · 이재호 지음

지식과감성#

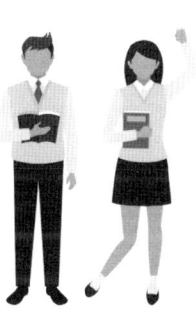

목차

추천사 1	8
추천사 2	10
프롤로그	12

제1장 약물의 역사적 배경과 특성

제1절 약물의 역사적 배경	14
제2절 합법 약물과 불법 약물	15
제3절 합법 약물의 정의와 종류	18
제4절 불법 약물의 정의와 종류	20

제2장 마약류에 대한 이해

제1절 마약의 정의	24
제2절 법률 속의 마약류	28
제3절 마약의 유통과 범죄 원인	29
제4절 다크 웹(Dark Web)	30
제5절 처방 약 남용	32

제3장 남용되는 약물의 종류

제1절 알코올	39
제2절 암페타민류	41
제3절 대마 - 마리화나	42
제4절 배스 솔트 - Bath Salt	44
제5절 코카인과 크랙	46

  제6절 기침 · 감기약　　　　　　　　　　　　47
  제7절 우울증 치료제　　　　　　　　　　　　49
  제8절 펜타닐　　　　　　　　　　　　　　　50
  제9절 헤로인　　　　　　　　　　　　　　　53
  제10절 흡입제　　　　　　　　　　　　　　55
  제11절 메스암페타민 - 필로폰　　　　　　　　56
  제12절 환각 버섯 - Magic Mushrooms　　　　58
  제13절 다이어트 약　　　　　　　　　　　　60
  제14절 처방 진통제 오피오이드　　　　　　　62
  제15절 케타민　　　　　　　　　　　　　　64
  제16절 GHB　　　　　　　　　　　　　　　66
  제17절 LSD　　　　　　　　　　　　　　　67
  제18절 MDMA - 엑스터시　　　　　　　　　68
  제19절 로히프놀　　　　　　　　　　　　　70
  제20절 공부 잘하는 약 - Study Drug　　　　　73

제4장 청소년을 위한 약물 교육
  제1절 알코올　　　　　　　　　　　　　　　76
  제2절 마리화나　　　　　　　　　　　　　　93
  제3절 오피오이드 - 펜타닐 옥시코돈, 코데인, 트라마돌 등　　104

제5장 또래 압력과 의사 결정
  제1절 또래 압력　　　　　　　　　　　　　120

제2절 또래 압력과 불법 약물 사용 문제　　　　　　　　　　122
　　제3절 또래 압력에 대한 저항　　　　　　　　　　　　　　124
　　제4절 또래 압력에 저항하기 위한 전략　　　　　　　　　　127
　　제5절 또래 압력을 거절하기 위한 실제 기술　　　　　　　129
　　제6절 정보에 입각한 의사 결정　　　　　　　　　　　　　134

제6장 약물 중독의 신경 생리학적 이해
　　제1절 마약류 약물이 신체에 미치는 영향　　　　　　　　　138
　　제2절 각성제 · 진정제 · 환각제의 구분과 각각의 효과　　　140
　　제3절 중독이란 무엇인가?　　　　　　　　　　　　　　　　143
　　제4절 신경계의 구조와 기능　　　　　　　　　　　　　　　146
　　제5절 중독 물질의 역할　　　　　　　　　　　　　　　　　153
　　제6절 중독의 원인과 예방　　　　　　　　　　　　　　　　157
　　제7절 NA 모임 - Narcotic Anonymous　　　　　　　　　159

제7장 청소년의 약물 사용과 정신 장애
　　제1절 스트레스의 작용　　　　　　　　　　　　　　　　　163
　　제2절 청소년의 스트레스 관리　　　　　　　　　　　　　　165
　　제3절 불안에 대처하는 5가지 방법　　　　　　　　　　　　167

제8장 청소년의 마약 범죄와 형사 처벌
　　제1절 양형의 기준　　　　　　　　　　　　　　　　　　　174
　　제2절 현행법상 단속(처벌) 규정　　　　　　　　　　　　　175

제3절 마약류 사범 유형별 형량	176
제4절 실제 처벌 사례의 재구성	179

약물 중독 관련 용어   184

에필로그   190

추천사 1

대검찰청 통계에 의하면 우리나라는 2015년부터 마약사범이 이미 1만 명을 넘어서게 되었다. 이후 8년 사이에 마약사범이 2만 명을 훨씬 넘는 수치가 되었고, 이 기간 동안 청소년 마약사범은 5배 이상 급증하게 되었다. 이제 대한민국은 더 이상 마약 청정국이 아니다. 마약중독과 마약사범 통계가 이렇게 급등함에도 불구하고, 약물중독에 대한 대한민국의 학술정보는 세계 학술정보의 0.7% 이하에 머물고 있으며 특히 청소년의 약물중독에 대한 자료나 정보는 너무나 빈약한 실정이다. 이런 상황에서 곽준호 법무법인 청 대표변호사와 이재호 한국중독연구교육원장이 함께 공저한 이 책은 이론적, 실무적으로 대단히 중요한 가치가 있다.

이 책은 마약 및 약물중독에 대한 명확한 이해를 위한 큰 그림과 함께 보다 구체적이고 분명한 정보를 제공해 준다. 시중에 유통되는 마약 및 약물의 종류, 청소년들이 약물에 빠지기 쉬운 불안 및 또래 압력$^{peer\ pressure}$ 문제, 청소년들의 약물 사용에 따른 정신장애 문제, 그리고 청소년들이 마약을 사용할 때 적용되는 범죄 구성 및 처벌 규정을 구체적으로 제시해 준다. 이뿐 아니라 마약범죄에 빠져들지 않도록 돕는 사전 예방교육을 이재호 원장이, 그리고 마약범죄와 관련된 단속규정과 실제 처벌 사례를 곽준호 변호사가 각각 전문성 및 실무 경험을 토대로 자세히 제시해 주고 있다.

이 책은 마약에 대한 이해는 물론이고 적절한 대응 및 예방책을 알고 싶은 모든 사람들에게 매우 유익한 도움을 준다. 특히 가정, 학교, 사회에서 청소년을 약물 및 약물중독으로부터 안전하게 지켜 내고자 하는 모든 분들에게 가장 직접적인 도움을 준다. 요즘같이 나이, 직업, 성별을 불문하고 마약의 검은 유혹이 그 마수를 뻗쳐 나가는 혼란한 시대에 청소년 교육 및 보호의 책임을 감당해야 할 모든 교사, 학부모, 상담사는 물론이고 청소년을 사랑하는 모든 분들에게 일독을 적극 권하며 추천사에 갈음하고자 한다.

한국가정문화상담협회 운영이사 및 수련감독
한국기독교상담심리학회 부회장 및 수련감독
한국에니어그램협회 직전회장 및 고문
장로회신학대학교 기독교교육과 심리학 교수

이 규 민 교수

추천사 2

급속하게 증가하는 청소년 마약 및 약물중독은 현대 사회가 직면한 가장 심각한 문제이다. 마약과 향정신성의약품 그리고 대마 등을 쉽게 구할 수 있고 청소년 사이에서 문제의식 없이 빠르게 번져 나가고 있다.

우리 사회가 직면한 도전 중 하나는 청소년들을 마약과 약물중독 위험으로부터 어떻게 보호할지이다. 약물은 한 청소년을 파멸시키고 한 가정과 사회, 그리고 국가를 파멸로 이끌 수 있다.

이 책은 청소년의 마약과 약물중독 문제에 대하여 정확하게 지적하고 청소년들이 약물중독에 빠져들지 않도록 예방하고 보호하여, 건강하게 성장하도록 지원하는 지식과 정보를 제공한다.

이 책은 청소년 마약과 약물중독 문제의 이해를 돕기 위해 실제적이고 구체적인 사례들을 제공하면서 마약을 포함한 약물의 종류와 약물중독이 무엇인지? 약물중독에 빠져들면 왜 헤어 나오지 못하는지? 청소년 약물중독을 어떻게 하면 예방할 수 있는지? 그리고 상담 과정을 통하여 약물중독 청소년을 어떻게 도울 수 있는지 대처 방법과 실제적인 사례를 통하여 청소년 지도 교재로 활용할 수 있도록 명쾌하게 설명하고 있다.

또한, 마약과 관련해 꼭 알아야 할 법률적 문제에 대해서도 다양한 실제 사례를 통해 설명하고 있다.

이 책은 청소년을 지도하는 마약 예방 강사와 부모, 교사 그리고 중독 상담자들 등 누구나 읽고 도움을 얻을 수 있도록 쉽게 쓰인 필독서이다.

한국청소년보호재단(충주청소년수련원운영) 이사장
서울벤처대학원대학교 상담학과 교수
법무부 서울지방교정청 교정협의회 수석부회장

변 상 해 교수

> 프롤로그

미래의 책임, 청소년 약물 남용 예방

교육은 청소년의 미래 기반을 세우는 힘찬 여정입니다. 부모로서 교사로서 그리고 이 시대를 살아가는 어른으로서 우리는 미래의 세대를 이끄는 역할을 맡고 있습니다. 이 무거운 책임 속에서 우리는 마약의 그림자를 마주하고 있습니다.

우리가 직면한 도전 중 하나는 청소년들을 마약의 유혹과 위험으로부터 어떻게 보호할지입니다. 이 책은 여러분이 청소년들을 마약으로부터 보호하고, 건강하게 성장하도록 지원하는 지식과 정보를 제공합니다.

마약 예방 교육은 단순히 위협에 대항하는 것이 아니라, 학생들이 자기 자신과 친구들이 책임감을 가지고 성장할 수 있도록 서로 도와주는 것입니다.

이 책은 학교 현장에서 적용할 수 있는 실용적이고 효과적인 전략을 제공합니다. 마약 예방 교육은 과거보다 오늘날 그 중요성이 더욱 커져 가고 있습니다. 학생들의 건강과 안전을 위해 우리는 함께 힘을 모으고 마약의 그림자를 걷어 내야 합니다.

이 책을 통해 우리는 청소년들과 더 잘 소통할 수 있고 마약 예방 교육을 더욱 효과적으로 수행할 수 있을 것입니다. 우리의 노력이 미래를 밝게 비추도록 함께 나아가 봅시다.

저자 곽 준 호
이 재 호

제1장

약물의 역사적 배경과 특성

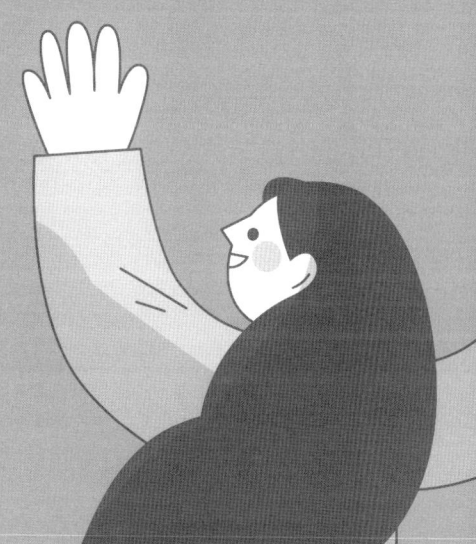

제1절
약물의 역사적 배경

약물은 오랜 세월 동안 다양한 문화와 사회에서 이용되었고 그에 따라 다양한 영향을 미쳤다. 고대 문명에서도 약물 사용은 존재했다. 예를 들어, 고대 이집트와 메소포타미아 문명에서는 여러 가지 식물 및 물질들을 약제로 사용했으며, 특히 약물은 종교 의식, 의학적 치료, 사회적 이벤트의 일부로 사용되기도 했다. 중세 시대에서는 식물, 광물 및 동물에서 기원한 약제가 널리 사용되었다. 약물은 병을 치료하거나, 종교적 의식의 중요한 역할을 하기도 했다. 또한, 알코올류 음료가 흔하게 섭취되었다고 한다. 18세기와 19세기에는 화학적 연구가 발전하면서 다양한 약물 및 화학 물질이 발견되었고, 개발되었다. 이러한 발전은 현대 의학 및 약물 산업의 기반을 마련하게 되었다.

마약 및 향정신성 약물의 남용과 중독 문제가 나타나고 급증한 것은 20세기에 들어서부터이다. 이에 따라 세계의 여러 정부와 국제단체가 마약 및 약물 남용에 대한 규제 및 통제를 강화하려는 노력을 기울이고 있다. 현대에 이르러서는 다양한 종류의 약물이 의학적 치료, 심리적 변화, 즐거움 및 사회적 상호 작용의 목적으로 사용되고 있다. 또한, 의학과 과학의 발전으로 다양한 신약이 개발되어 많은 질병에 대응할 수 있게 되었다.

제2절
합법 약물과 불법 약물

약물에는 합법적인 약물과 사용이 금지되거나 제한되는 불법적인 약물이 있으며, 그 구분은 국가 또는 지역의 법률 및 규제를 기반으로 하고 있다. 다음은 합법 약물과 불법 약물을 구분하는 주요 방법에 대한 것들이 있다.

1. 정부 또는 규제 당국의 허가 여부

합법 약물은 정부나 관련 규제 당국에서 허가하거나 규제하고 있는 약물이다. 이러한 약물은 특정 목적으로 사용하거나 판매할 수 있으며, 그 사용이 법률적으로 인정된다. 불법 약물은 정부나 규제 당국이 허가하지 않았거나 금지한 약물이다. 불법 약물의 생산, 판매, 소유, 및 사용은 법적으로 처벌받을 수 있는 행위이다.

2. 약물의 법적 지정 및 분류

많은 국가와 지역에서 약물들을 법적으로 분류 및 지정하고 있다. 합법 약물과 불법 약물은 이러한 분류에 따라 구분된다. 약물은 크게 약국에서 누구나 구입할 수 있는 약물, 처방전 약물, 마약류 등으로 구분되며 다른 법적 분류로 구분되기도 한다. 합법 약물은 일반 약물과 처방전 약물로 분류되며, 그 사용에는 정해진 규정과 제한이 적용된다. 불법 약물은 마약류로 분류되며, 어떠한 사용도 금지된다.

3. 특정 약물 및 성분의 식별

합법 약물과 불법 약물은 그 구성 성분에 따라 구분되기도 한다. 예를 들어, 대마(마리화나)는 많은 국가에서 불법 약물로 분류되지만, 대마의 특정 성분인 CBD(칸나비디올)는 합법적으로 사용되는 경우도 있다. 약물 및 성분에 대한 정확한 정보는 해당 국가 또는 지역의 법률 및 규제에 따라 다르다.

4. 국가 및 지역의 법률 및 규제

합법 약물과 불법 약물은 특정 국가 또는 지역의 법률과 규제에 따라 다르게 구분된다. 예를 들어, 어떤 약물이 한 국가에서 합법일 수 있지만, 다른 국가에서는 불법일 수 있는 것이다. 따라서 합법성과 불법성은 사용자가 거주하는 지역 또는 국가의 법률 및 규제에 따라 다르며, 사용자는 항상 이러한 사실을 염두하고 있어야 한다. 약물 사용자는 자신이 거주하는 국가 또는 지역의 법률 및 규제를 준수하고 합법적인 약물만을 사용해야 한다. 법적인 규제를 준수하지 않을 경우, 법적인 문제뿐만 아니라 건강의 위험까지 감수해야 한다. 국가별로 규제를 달리하는 대표적인 약물이 대마와 프로포폴이다. 대마의 경우, 우리나라에서는 1970년에 법으로 완전 금지했다가 2018년 11월 23일 「마약류 관리에 관한 법률」 개정안이 국회를 통과하면서 의료용 사용이 합법화되었다. 이렇게 의료용에 한해 대마를 이용한 약품이 허용되면서 대마를 「마약류 관리에 관한 법률」에 계속 포함하는 것에 대한 이의를 제기하는 목소리도 있다.

최근 많은 국가에서 대마를 합법화했지만, 이에 대한 문제도 적지 않다. 한때 인천공항에서는 북미 지역에서 출발한 비행기가 한국에 도착하면 입국장 안내판에 '한국은 대마가 불법이니 휴대용 짐에 대마를 실수로 넣은 경우 자진 신고해야 한다'는 공지가 붙기도 했었다. 실제 미국 생활을 오래 하던 이들이 미국에서와 같이 한국도 대마를 허용하는 것으로 착각하거나 무의식적으로 전자 담배 카트리지형 액상 대마를 소지한 채 입국해 형사 문제가 되는 경우도 적지 않은 게 사실이다.

또한, '우유주사'로 불리는 프로포폴은 불면증 치료에 즉각적으로 효과 있다고 알려지면서 특별한 규제 없이 사용되었다. 그러다가 연예인들의 중독 문제가 보도되고 의사 처방 없이 투약하다가 부작용에 의해 사망하는 사례가 자주 발생하면서 2010

년 세계 최초로 한국에서 향정신성의약품으로 규제하였다. 미국 및 대부분의 선진국들에서 프로포폴 자체는 향정신성의약품으로 규제되지 않고 있다. 즉 미국에서 프로포폴은 일반 약상자에 그냥 보관해도 되는 것이다. 이러한 국가별 규제의 차이는 평범한 사람도 범죄자가 될 수 있는 취약성을 높이기 때문에 주의를 요하고 있다.

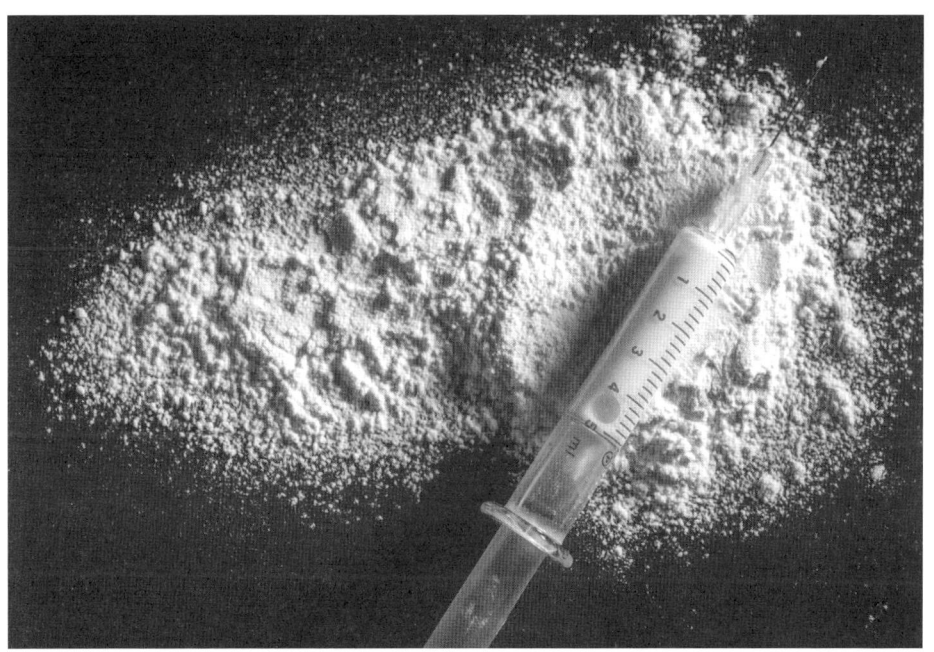

제3절
합법 약물의 정의와 종류

합법 약물은 정부나 관련 규제 기관에서 허가하고 통제하는 조건하에 허용된 약물이다. 이러한 약물은 의학적, 사회적, 혹은 경제적 목적으로 사용될 수 있으며, 사용에 대한 규정과 지침이 정해져 있다. 합법 약물은 크게 의약품, 알코올, 담배, 및 기타 일반적인 약물로 분류된다. 이러한 약물은 특정 용도에 따라 사용되며, 합법적인 사용에 대한 일련의 제한 및 규칙이 적용된다.

주요 합법 약물의 종류

1. 의약품

의약품은 의사 또는 의사 처방이 없어도 구매할 수 있는 일반 의약품 OTC과 의사 처방이 필요한 처방전 의약품으로 구분된다. 일반 의약품은 일반적인 증상의 경증을 치료하기 위한 것으로, 해열제, 진통제, 기침약 등이 있다. 처방전 의약품은 의사의 처방이 필요하며, 특정 질병 및 상태를 치료하거나 관리하기 위해 사용된다.

2. 알코올 Alcohol

알코올은 다양한 형태로 존재하며, 주류, 맥주, 포도주 등의 형태로 소비된다. 알코올은 사회적 활동, 휴식, 그리고 문화적 이벤트에 사용되며, 미성년자에게는 제한된다.

3. 담배 Tobacco

담배 제품은 주로 담배꽁초 또는 연초와 같이 다양한 형태로 소비되며, 담배 사용은 흡연이라고도 불린다. 현재, 다양한 국가와 지역에서 담배 사용에 대한 규제가 강화되고 있다.

4. 기타 합법 약물

합법 약물에는 카페인 및 특정 식품 첨가 물질과 같은 다른 물질도 포함될 수 있다. 이러한 물질은 음식, 음료, 또는 건강 보조제로 소비된다.

합법 약물은 사용에 대한 제한과 규제가 존재하기 때문에 안전하게 사용하는 것이 중요하다. 학생들에게 합법 약물에 대한 이해와 책임감 있는 사용에 대한 교육이 중요하며, 약물 예방 교육에서도 이러한 내용을 강조해야 한다.

제4절
불법 약물의 정의와 종류

불법 약물의 정의

불법 약물은 특정 국가 또는 지역의 법률에서 금지되었거나 규제되지 않는 약물을 가리킨다. 불법 약물은 대개 건강 위험과 법적 위반의 가능성이 높으며, 그 사용과 소유가 불법으로 간주된다.

주요 불법 약물의 종류

1. 마약류 Narcotics

마약류는 중추신경계에 영향을 미치는 약물로, 이들 중 일부는 강한 중독성을 가지고 있다. 일반적인 마약류로는 헤로인, 코카인, 메스암페타민, 대마(마리화나), 옥시코돈 등이 있다. 이러한 약물은 대부분 법적으로 금지되어 있다.

2. 합성 마약류 Synthetic Drugs

합성 마약류는 화학적으로 합성된 약물로, 종종 불법으로 제조 및 유통된다. 이러한 약물로는 MDMA(엑스터시), LSD, 케타민, 그리고 다양한 디자이너 마약들이 포함된다.

3. 대마(마리화나)

대마(마리화나)는 대마 식물의 잎, 꽃, 줄기, 그리고 씨앗에서 추출되는 물질로 대부분 규제되거나 금지된 약물이다.

4. 신종 합성 약물^{NPS}

불법적인 약물은 종종 법적 규제를 피하기 위해 디자이너 마약 혹은 새로운 약물로 개발된다. 이러한 약물로는 스파이스, 배스 솔트 및 다양한 새로운 합성 마약류들이 포함된다.

5. 불법 유통 의약품

의약품이 불법으로 사용되는 경우, 주로 처방전 의약품이 불법으로 유통되는 경우가 많다. 이러한 약물로는 아편 계통 진통제, 진정제 그리고 마취제 등이 있다.

불법 약물 사용은 건강 위험과 법적 위반의 가능성을 가지고 있으며, 중독, 신체 및 정신 건강 문제, 법적 문제를 일으킬 수 있다. 이 때문에 불법 약물 사용에 대한 교육은 중요하며, 학생들에게 불법 약물의 위험과 영향을 이해시키는 것이 중요하다.

제2장

마약류에 대한 이해

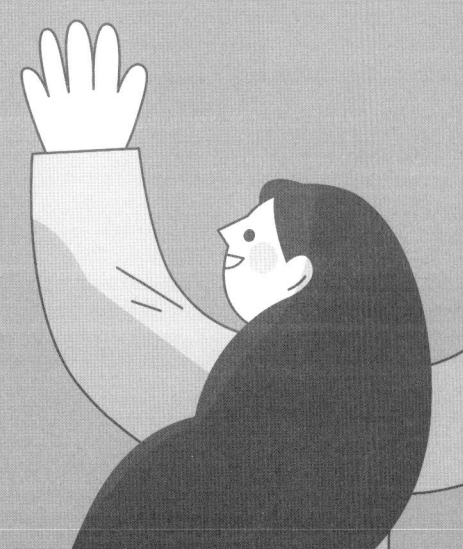

제1절
마약의 정의

마약^{Narcotics}이란 무감각을 의미하는 그리스어 'Narkotikos'에서 유래된 것으로, 중추신경계에 작용하며 수면 및 혼미를 야기한다. 오용하거나 남용할 경우 인체에 심각한 위해가 있다고 인정되는 약물을 말한다.

마약·향정신성의약품·대마 등을 모두 아울러 마약이라고 혼용하여 사용하기도 하지만, 정확한 용어는 '마약류'이며, 마약은 마약류의 한 종류이다.

마약
마약은 일반적으로 마약 원료인 생약에서 추출한 천연 마약과 추출 알칼로이드, 화학적으로 합성한 합성 마약으로 분류된다.

분류	품명	비고
천연 마약	양귀비, 아편, 코카 잎(엽)	
추출 알칼로이드	모르핀, 코데인, 헤로인, 코카인 등	일부 의료용 사용
합성 마약	페치딘, 메타돈, 펜타닐 등	일부 의료용 사용

향정신성의약품

향정신성의약품은 인간의 중추신경계에 작용하여 각성, 진통제 등의 효과를 목적으로 개발 및 사용되었다. 하지만 투여 시 의존성 및 중독성이 있어 이를 오용하거나 남용할 경우, 인체에 심각한 위해를 끼치는 부작용 발생의 가능성이 있다고 인정되어 대통령령으로 규제 대상이 되었다.

분류	품명	비고
가.목	엘에스디^{LSD}, 메스케치논^{Methcathinone} 및 그 유사체, 크라톰^{Kratom}, 제이더블유에이치$^{JWH-018}$ 및 그 유사체 등	의료용 불사용, 심한 신체적 또는 정신적 의존성을 일으키는 약물
나.목	암페타민^{Amphetamine}, 엠디엠에이^{MDMA}, 메스암페타민^{Methamphetamine}, 케타민^{Ketamine} 등	매우 제한된 의료용 사용, 심한 신체적 또는 정신적 의존을 일으키는 약물
다.목	바르비탈^{Barbital}, 리저직산 아미드$^{Lysergic\ acid\ amide}$, 펜타조신^{Pentazocine} 등	의료용 사용, 그리 심하지 아니한 신체적 의존성 또는 심한 정신적 의존성을 일으키는 약물
라.목	디아제팜^{Diazepam}, 플루라민^{Fenfluramine}, 졸피뎀^{Zolpidem}, 지에이치비^{GHB}, 카리소프로돌^{Carisoprodol}, 프로포폴^{Propofol} 등	의료용 사용, 다.목보다 신체적 또는 정신적 의존성을 일으킬 우려가 적은 약물

대마(삼, Hemp)

대마는 칸나비스 속^{屬} 일년생 식물로 중국, 인도, 북부 아프리카, 중남미 등 광범위한 지역에서 수 세기 전부터 섬유 원료 및 천식, 두통 등의 치료 약물로 재배되었으며 우리나라에서는 고대로부터 섬유용으로 널리 재배되어 왔다.

임시 마약류(신종 마약)

현행 마약류가 아닌 물질 중 마약류 대용으로 남용되어, 국민 보건상 위해 발생 우려가 있는 물질을 '임시 마약류'로 지정해 마약류와 동일하게 관리·통제하는 물질을 말한다.

분류	물질명	성분 수	비고
1군	2,3-DCPP, Metonitazene 등	4종	주로 오피오이드 계열 등
2군	Alkyl nitrite, 1P-LSD 등	82종	주로 암페타민, 합성 대마 계열 등

마약류별 특성

분류		종류	약리작용	용도	사용방법	부작용	작용시간
마약	천연마약	아편 Opiate	억제	진정, 진통	경구, 주사	도취감, 어지러움, 사망	3~6
		모르핀 Morphine	억제	진정, 진통	경구, 주사		3~6
		헤로인 Heroin	억제	진정, 진통	경구, 주사		
		코카인 Cocaine	흥분	국소 마취	경구, 코 흡입	흥분, 정신 혼미, 사망	2
	합성마약	메타돈 Methadone	억제	진정, 진통	경구, 주사	도취감, 어지러움, 사망	12~24
		염산페치딘 Pethidine	억제	진정, 진통	주사		3~6
향정신성 의약품		메스암페타민 Methamphetamine *(필로폰, 히로뽕)	흥분	진정, 진통	경구, 주사, 코 흡입	환시, 환청, 피해망상, 사망	12~34
		MDMA(엑스터시) Methylenedioxy Methamphetamine	억제	식욕 억제	경구, 주사		7~10
		바르비탈류 Barbital	억제	진정, 수면	경구, 주사	뇌손상, 호흡 장애, 감각 상실	1~6
		벤조디아제핀류 Benzodiazepines	억제	신경 안정 항불안제	경구, 주사		4~8

향정신성 의약품	LSD	환각	-	경구, 주사	환각, 환청, 환시	8~12
	날부핀 Nalbuphine	억제	진정, 진통	주사	정신 불안, 언어 장애	3~6
	덱스트로메토르판 Dextromethorphan	억제	진해, 거담, 감기약	경구	환각, 환청, 취한 행동	5~6
	카리소프로돌 Carisoprodol	억제	진통, 근육 이완	경구		5~6
	펜플루라민 Fenfluramine	억제	식욕 억제 (살 빼는 약)	경구	심장 판막, 정신 분열	6~8
	케타민 Ketamine	억제	동물 마취	경구, 주사, 흡연	혈압 상승, 심장 마비	1~6
	로히프놀 Rohypnol	억제	수면, 마취	경구, 주사	혈압 상승, 기억 장애	8~12
대마	대마 Marijuana, Cannabis, Weed	환각	-	경구, 흡연	도취감, 약한 환각	2~4
	해시시 Hashish	환각	-	흡연		

제2절
법률 속의 마약류

마약류를 규제하는 국내 법률로는 「마약류 관리에 관한 법률」(이전 마약법·대마관리법·향정신성의약품관리법을 하나로 통합한 법률) 및 「마약류 불법거래 방지에 관한 특례법」, 「특정범죄 가중처벌 등에 관한 법률」, 「형법」 등이 있고 「마약류 관리에 관한 법률 시행령」에서는 마약 및 향정신성의약품, 원료 물질 등을 지정하여 별도로 관리하고 있다.

「향정신성의약품관리법」과 「대마관리법」은 2000년 「행정규제기본법」에 의한 규제정비계획의 일환으로 「마약류 관리에 관한 법률」이 제정되면서 폐지됐다.

「마약류 관리에 관한 법률」

제1조(목적)
이 법은 마약·향정신성의약품·대마 및 원료물질의 취급·관리를 적정하게 함으로써 그 오용 또는 남용으로 인한 보건상의 위해를 방지하여 국민보건 향상에 이바지함을 목적으로 한다.

제3절
마약의 유통과 범죄 원인

과거에는 마약을 홍보할 수단이나 구매 및 결제할 수단이 없어 아는 사람을 통한 은밀한 거래만이 이루어졌고 전파 속도도 매우 느렸다. 하지만 최근에는 텔레그램 등 비밀이 보장되는 암호화 SNS나 다크 웹을 타고 암호 화폐 결제 방법이 등장하면서 청소년까지 마약 판매에 가담할 정도로 마약 유통이 쉬워졌다.

'히로뽕 팝니다. 서울·경기 전 지역 입금 후 1시간 내 수령 가능. 퀄 좋습니다. 항상 깨끗한 것만 들고 있고 안전 보안 최우선.'이라는 광고가 텔레그램이나 다른 암호화 SNS를 타고 무작위로 퍼져 나가기도 한다. SNS 혹은 다크 웹에서 암호 화폐로 결제한 후 주문한 마약은 국제 택배나 던지기 수법을 통해 구매자에게 전달된다.

마약류 유통 과정

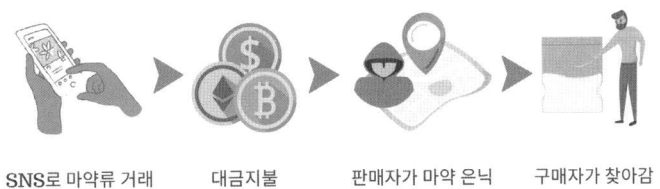

SNS로 마약류 거래   대금지불   판매자가 마약 은닉   구매자가 찾아감

제4절
다크 웹 Dark Web

웹은 크게 3가지로 분류된다. 서피스 웹$^{Surface\ Web}$, 딥 웹$^{Deep\ Web}$ 그리고 다크 웹$^{Dark\ Web}$이 그것이다. 일반적인 사용자가 접하는 웹은 '서피스 웹(Surface Web, 표면 웹)'이라고 부른다. 검색 엔진은 방대한 웹을 돌아다니며 구글, 네이버, 카카오톡 등 온갖 웹 페이지를 수집한다. 검색에 의해 찾을 수 있는 웹 페이지는 다 여기에 해당한다. 이와 상대되는 개념이 '딥 웹$^{Deep\ Web}$'이다. 딥 웹은 웹 페이지를 찾아다니며 자동으로 데이터를 수집하는 웹 크롤러에 걸리지 않아 검색 등으로는 접근이 어려운 웹을 말한다. 딥 웹에는 개인 이메일부터 회사 내부망 등, 각종 유료화 서비스 장벽으로 막혀 있는 콘텐츠 등이 해당한다.

서피스 웹, 딥 웹, 다크 웹 개념도

'다크 웹$^{Dark\ Web}$'은 딥 웹에 포함되면서도 구분되는 개념이다. '토르^{TOR}' 같은 특수한 웹 브라우저를 사용해야만 접근할 수 있다. 다크 웹은 철저한 익명화를 특징으로 하며 국제 마약 거래나 음란물 거래, 무기 거래에 활용되기도 한다.

마약 거래는 국내에서 텔레그램 등 암호화 SNS인 서피스 웹에서 거래되지만, 해외 주문 등 국제 거래에서는 Silk Road 같은 익명의 다크 웹 사이트를 통해 암호화폐로 거래된다.

제5절
처방 약 남용

의사가 권장하지 않는 방식으로 처방 약을 복용하는 것은 사람들이 생각하는 것보다 더 위험할 수 있다. 사실, 다른 게 아니라 그것이 바로 약물 남용이다. 그리고 그것은 길거리에서 마약을 복용하는 것과 마찬가지로 불법이다.

어떤 사람들은 처방 약이 기분을 좋게 하고, 체중을 줄이거나 심지어 더 효과적으로 공부하는 데 도움이 될 것이라고 생각하기 때문에 처방 약을 남용한다. 처방 약은 주변 가족이나 친구들이 가지고 있을 수 있다. 그리고 처방 약이 다른 불법 약물과 마찬가지로 길거리에서 판매되는 경우도 있다.

그러나 처방 약은 처방전을 받은 사람에게만 안전하다. 의사가 그 사람을 진찰하고 그들의 건강 상태에 맞는 적절한 양의 약을 처방했기 때문이다. 의사는 또한 약을 복용하는 동안 피해야 할 사항을 포함하여 약을 복용하는 방법을 정확히 알려 준다. 더불어 해당 약에 대한 부작용을 알고 있기 때문에 이를 위해 환자를 면밀히 관찰할 수 있다.

가장 자주 사용되는 처방 약은 세 가지 분류로 나눌 수 있다.

1. 오피오이드

오피오이드 수용체와 결합해 발현하는 물질군을 말하며 모르핀, 아편류^{opiate}와 오피오이드와 오피오이드 펩타이드 등이 이에 속한다. 이들은 마약성 진통제로 헤로인, 펜타닐과 함께 남용되는 대표적인 처방 진통제이다. 오피오이드는 모르핀, 하이드로코돈, 옥시코돈 등 다양한 상표명으로 유통되고 있다.

오피오이드는 통증을 치료하는 데 사용되며, 작동 방식은 중추신경계(뇌와 척수)의 오피오이드 수용체에 부착되어 뇌가 통증 메시지를 수신하지 못하도록 한다.

2. 중추신경^{CNS} 억제제

중추신경 억제제는 중추신경계를 억제하는 데 사용되는 약물을 가리키는 용어이다. 중추신경계는 뇌와 척수로 이루어져 있으며, 이는 신경세포들이 정보를 전달하고 조절하는 중요한 부분이다.

중추신경 억제제는 주로 각종 신경계 질환이나 증상을 치료하는 데 사용되는데, 특히 통증, 경련, 불안, 우울 등과 관련된 다양한 증상을 조절하는 데 도움을 줄 수 있다. 대표적인 중추신경 억제제는 바르비투르산^{barbiturates} 수면제가 있는데 바르비투르산은 복용 시 중추신경을 억제하여 외부에 대한 반응이 늦어지고, 판단력을 흐리게 하기 때문에 '무능자^{goofball}'라고도 불린다. 약품명으로는 루미날, 발륨, 자낙스 등이 있다.

벤조디아제핀은 중추신경계 억제제의 한 그룹으로, 뇌의 활동을 억제하여 불안, 긴장, 경련, 불면 등을 치료하는 데 사용되는 약물이다. 이들은 주로 감쇄적인 신호를 전달하는 중요한 신경 전달 체계 중 하나인 GABA(A) 수용체에 작용하여 중추신경계의 억제 효과를 증폭시킨다.

일반적으로 벤조디아제핀은 다양한 용도로 사용될 수 있지만 주로 불안 및 긴장 해소, 수면 장애 치료, 진정제로 사용한다. 벤조디아제핀에는 중독성이 있어 의료 전문가의 정확한 처방과 지도하에 사용되어야 한다.

3. 각성제

각성제는 몸속에 들어갔을 경우에 아드레날린과 비슷한 방식으로 작용하기 때문에 교감 신경계가 흥분된다. 교감 신경계가 흥분하면 심장 박동이 빨라지고, 혈압이 높아지는 등의 효과가 나타나며, 이러한 작용으로 잠을 쫓고 피로를 회복할 수 있기 때문에 각성제라는 이름이 붙었다. 약으로 쓰이는 각성제는 암페타민 계열이 가장 유명하며, 여기에는 필로폰(히로뽕)이라는 상표명으로 널리 알려져 있는 메스암페타민도 포함되어 있다. 또한 자연 물질에 들어 있는 코카인, 니코틴, 카페인도 모두 각성 효과를 가지고 있기 때문에 넓은 의미로 보면 모두 각성제에 포함된다.

각성제는 우울증 같은 신경 병리를 치료하기 위한 약으로 사용되기도 하지만 중독성이 있기 때문에 일부 마약의 주성분으로 악용되기도 한다. 각성제에 중독되면 조현병과 유사한 환각 효과가 일어나며, 약을 중단했을 때 금단 증상이 일어나기 때문에 현재 한국을 비롯한 대부분의 나라에서 그 사용을 엄격하게 규제하고 있다. 한편, 각성제는 ADHD 및 기타 상태를 치료하는 데 사용할 수도 있다. 뇌 활동을 증가시켜 집중력을 높이는 효과가 있기 때문이다.

처방 약 남용의 효과

오피오이드를 남용하면 기분과 행동의 변화, 명료한 사고의 어려움, 호흡 등의 문제가 일어날 수 있으며 심지어 혼수상태나 사망으로까지 이어질 수 있다. 이러한 위험들은 오피오이드를 알코올, 항히스타민제 및 중추신경 억제제와 같은 다른 물질과 함께 복용할 때 더 높게 나타난다.

중추신경 억제제의 남용도 위험하다. 우울증 약은 사람들을 졸리게 하거나, 조절하지 못하거나, 혼란스럽게 만들 수 있으며, 어눌한 말과 느린 호흡으로 이어질 수 있다. 중추신경 억제제를 처방 진통제나 처방전 없이 살 수 있는 감기 및 알레르기약, 알코올과 같은 다른 약과 함께 복용하면 심장 박동과 호흡이 느려지고 심각할 경우 사망에 이를 수도 있다.

각성제 남용(일부 ADHD 약물과 마찬가지로)은 심장 문제, 발작, 공황 발작, 편집증 및 폭력적인 행동을 유발할 수 있다. 이러한 위험은 각성제가 다른 약과 혼합될 때 증가하며, 감기약과 같이 처방전 없이 구입할 수 있는 약도 마찬가지이다.

처방 약 남용의 위험은 의료인이 의도하지 않은 방식으로 약물을 복용하는 경우 훨씬 더 나빠질 수 있다. 리탈린과 같은 약은 ADHD를 앓고 있는 어린 아이들에게도 처방되기 때문에 무해해 보일 수 있다. 그러나 불필요하게 또는 허용되지 않는 방법으로 사용하면 심각한 부작용을 경험할 수 있다

처방 약 남용의 가장 흔한 위험은 아마도 중독일 것이다. 약을 남용하는 사람들은 길거리에서 마약을 하는 것처럼 쉽게 중독될 수 있다. 이것이 대부분의 의사들이 환자를 만나지 않는 한 재처방하지 않는 이유 중 하나이다. 의사는 환자들이 중독되지 않았는지 확인하기 위해 환자를 진료해야 하기 때문이다.

처방 약 복용 요령

의사가 진통제, 각성제 또는 중추신경 억제제를 처방하는 경우, 환자는 지시 사항을 정확히 따라야 한다. 의사는 약이 얼마나 효과가 있는지 확인하고 필요에 따라 복용량을 조정하거나 약을 변경할 수 있도록 자주 방문하기를 권할 것이다. 그리고 다른 사람의 처방전을 사용하지 않아야 한다. 물론 다른 사람이 내가 처방받은 약을 사용하지 못하도록 해야 한다. 다른 사람을 위험에 빠뜨릴 뿐만 아니라 고통도 겪을 수 있다. 다른 사람에게 약을 주는 것이 발각되면 이는 곧바로 범죄로 간주되기 때문에 주의해야 한다.

제3장
남용되는 약물의 종류

일반적으로 남용되는 약물은 다음과 같다.

마약류의 기능적 분류

중추신경 흥분제	중추신경 억제제	환각제	아편류 (오피오이드)
알코올(다량)	알코올(소량)	LSD	헤로인
코카인	벤조디아제핀 (항우울제, 항불안제)	MDMA	아편
암페타민	GHB	케타민	모르핀
메스암페타민(필로폰)	마리화나	흡입제 (본드, 가스 등)	펜타닐
니코틴	Vape (전자 담배)	환각 버섯	
카페인	로히프놀		

연령별 남용 위험 약물들

초등학생	중·고등학생	대학생 및 성인
카페인 흡입제	니코틴 알코올 대마 다이어트 약 ADHD 치료제 암페타민류 (필로폰 등)	엑스터시 코카인류 아편류, 펜타닐 진정·수면제 수면·마취제 암페타민류 (필로폰 등)

제1절
알코올

　알코올은 곡물, 과일 또는 채소가 발효될 때 생성되는 물질이다. 발효는 효모나 박테리아가 음식의 당분을 알코올로 바꾸는 과정을 일컫는 말이다. 발효는 치즈에서 의약품에 이르기까지 많은 품목을 생산하는 데 사용되고 있다. 알코올은 다양한 형태를 가지며 세제, 방부제 또는 진정제로 사용할 수 있다.

　알코올은 섭취하면 곧바로 혈류로 흡수된다. 이 과정에서 알코올은 거의 모든 신체 기능을 제어하는 중추신경계에 영향을 미치게 된다. 알코올이 중추신경계의 기능을 늦추는 중추신경 억제제의 역할을 하는 것이다. 또한 실제로 뇌에 도달하려는 메시지 중 일부를 차단하기도 하는데, 이는 사람의 지각, 감정, 움직임, 시각 및 청각을 변화시킨다.

　아주 적은 양의 알코올은 사람의 긴장을 풀거나 덜 불안해하는 데 도움을 줄 수 있다. 알코올은 많이 섭취할수록 뇌에 더 큰 변화를 일으키기 때문에 중독을 일으키는 것이다. 술을 과도하게 먹은 사람들은 몸을 비틀거리고, 균형 감각을 잃게 되며 말을 더듬을 수 있다. 사람에 따라, 술에 취하면 매우 친근해진 것처럼 느끼고 말이 많아질 수도 있고, 또 반대로 매우 공격적이고 화를 낼 수도 있다. 대부분의 사람들의 공통적인 증상은 외부 자극에 대한 반응 시간이 급격히 느려지는 것인데, 이것이 바로 음주 운전을 못 하게 하는 이유이다.

　술을 지속적으로 마시면 알코올 중독의 위험에 빠지게 된다. 알코올 중독은 말 그대로 신체가 많은 양의 알코올에 중독된 것이다. 격렬한 구토는 일반적으로 알코올 중독의 첫 번째 증상이다. 또한 알코올 중독은 극도의 졸음, 의식 불명, 호흡 곤란, 위험한 저혈당, 발작, 심지어 사망까지 유발할 수 있어 주의해야 한다.

제2절
암페타민류

암페타민^{amphetamine}류는 중추신경계를 흥분시키고, 기민성을 증가시키며, 말하는 능력과 전반적인 육체 활동을 증가시키는 약물군이다. 주요 암페타민류 약물에는 암페타민, 덱스트로암페타민 그리고 메스암페타민(필로폰) 등이 있다. 엑스터시도 암페타민에 공정을 달리해 만든 신종 마약이다. 암페타민은 매우 강력한 중추신경 흥분제로서 1887년에 처음으로 합성되었다. 1932년, 의료계에 처음 소개되면서 기관지 천식, 비만증, 우울증, 파킨슨병, 간질, 수면 발작 등 치료에 사용되어 왔다. 암페타민을 소량 사용 시 식욕 감퇴, 호흡 및 심박동 수 증가, 혈압 상승, 동공 확대와 같은 증상이 나타나며, 다량 사용 시에는 발열, 두통, 발한, 현기증 등이, 매우 많은 양을 사용할 때에는 홍조나 안면 창백, 혈관계 이상을 유발한다. 암페타민을 남용하면 뇌혈관 파열, 심부전, 고열 등으로 인해 사망할 수 있다. 만성적인 남용자는 편집성 조현병과 유사한 정신병이 나타날 수 있다.

중독성이 강한 암페타민은 알약이나 정제로 제공되는 경우가 많으며 처방 다이어트 알약도 이 약물 범주에 속한다. 암페타민은 삼키거나, 피우거나, 코로 흡입하거나 주사하는 방법으로 사용한다. 암페타민을 어떻게 복용하든지 간에 심박수, 호흡 및 혈압을 높이고 발한, 떨림, 두통, 불면증 및 시야 흐림을 유발할 수도 있다. 장기간 또는 지속적으로 사용하면 환각과 심한 편집증을 유발할 수 있다. 암페타민 복용을 중단한 후에도 여전히 공격성, 불안 및 약물에 대한 강한 갈망과 같은 문제가 남아 있을 수 있다.

제3절
대마 – 마리화나

마리화나는 대마초 식물의 말린 꽃, 줄기, 씨앗 및 잎의 혼합이다. THC(테트라하이드로칸나비놀)는 마리화나의 성분으로, 복용 시 기분을 좋게 만든다.

마리화나(대마)

과거에는 마리화나를 담배처럼 피우거나 파이프에 넣어 피웠다. 현재에는 전자 담배의 형태로 피우는 것이 더 일반적이다. 브라우니, 차, 알코올 또는 젤리와 같은 음식이나 음료에 혼합하는 것도 매우 인기가 있다.

합성 마리화나는 실험실에서 만들어진다. 합성 마리화나에는 마리화나 식물의 성분 중 하나인 THC가 포함되어 있지 않지만 동일한 효과가 있게끔 제조되고 판매된다. 제조업자들은 종종 합성 마리화나를 허브에 뿌려서 자연스러운 인상을 주지만 실상은 그렇지 않다. 가짜 대마초 제품은 대부분 규제되지 않기 때문에 안전에 대한 정보가 거의 없다. 그렇게 때문에 가짜 대마초의 영향은 예측할 수 없고, 매우 위험할 수 있다. 또한 합성 마리화나를 끊는 것은 일반적인 THC 제품을 중단하는 것보다 금단 증상이 더 심각하고 오래 지속된다.

합성 대마 JWH-018, HU-210, CP-47497

마리화나는 단기적 영향과 장기적 영향으로 구분해서 생각해 볼 수 있다. 그 영향은 사람마다 다르며 마리화나를 얼마나 많이 사용하느냐에 따라 다르다. 단기적인 효과는 마리화나를 사용한 후, 누군가는 더 편안하고, 배고프고, 졸리고, 다른 현실 감각을 가질 수 있다(예를 들어, 색상이 더 밝게 보일 수 있음). 어떤 사람들은 다른 사람들에 대해 불안과 불신을 느낄 수 있다. 드문 경우지만 환각(존재하지 않는 것을 보는 것)과 편집증(매우 위협적인 느낌)을 동반한 단기 정신병을 유발할 수 있기 때문에 마리화나를 사용한 뒤 운전을 한다면 자동차 사고로 이어질 수 있다.

장기간 마리화나를 사용하는 사람들은 기억력이 손상되고 집중하는 것이 더 어려워지며 기침을 더 많이 하고, 폐 감염을 더 많이 일으키며, 폐에 흉터가 생기게 된다. 우울증에 걸리거나, 불안해하거나, 자살을 생각할 가능성이 더 높아지기도 하다.

제4절
배스 솔트 – Bath Salt

"Bath Salt"라는 이름은 다소 친근하게 들리지만 이는 강력하고 위험한 각성제이다. 좀비처럼 괴이한 행동을 하게 만든다고 하여 '좀비 마약'으로도 불린다. 배스 솔트는 흰색 가루의 단단한 결정체들로 구성돼 있어 마치 목욕을 할 때 사용하는 소금처럼 생겼다고 해서 붙여진 이름이다.

이 신종 마약에는 '메틸렌디옥시피로발레론^{MDPV}'이라는 성분이 들어 있는데, 이 성분이 몸에 과다 투약되면 열이 나고 몸이 타는 것 같은 느낌의 환각 증세가 나타나 스스로를 통제하기 어려운 상태가 된다. 이로 인해 이상한 행동을 하거나 폭력적인 성향을 보여 마치 좀비처럼 보이게 되어 좀비 마약이라고 불리게 된 것이다.

이 마약을 제조, 판매, 유포 혹은 소지하다 적발될 시에는 징역형 및 벌금형을 받게 된다. 배스 솔트의 환각 효과는 엑스터시의 10배에 이른다고 한다. 또한 이 마약에는 암페타민이나 MDMA(엑스터시) 등과 거의 같은 방식으로 뇌와 중추신경계 활동을 증가시키는 인공 화학 물질이 포함되어 있다. 이 마약을 복용한 사용자는 몸에서 분리되는 경험, 의기양양한 기분 또는 정신 착란을 느낀다고 한다. 이러한 효과는 최대 3시간~4시간 동안 지속될 수 있다.

다른 단기적인 효과로는 초조와 과민 반응, 어지럼증, 자살 충동, 편집증, 망상과 환각, 왜곡된 현실 감각, 기분 장애와 정신병 등이 나타나게 된다. 신체적 증상으로는 근육 및 신체 조절 감소, 혈압 및 체온 상승, 흉통, 불규칙한 심장 박동, 코피, 속이 메스껍고 토하는 느낌, 발작, 심장 마비, 뇌부종 등을 일으킬 수 있고 심하면 사망할 수 있다. 배스 솔트는 단 한 번만 시도하더라도 치명적일 수 있고, 많은 사망자를 낳았으며 다수의 자살과 살인의 원인으로 지목되기도 했다.

제5절
코카인과 크랙

 코카인은 남아메리카에서 발견되는 코카 식물의 말린 잎에서 나오는 흰색 분말이다. 크랙은 매우 빠르고 강렬한 기분을 느끼게 하는 코카인 약물의 한 형태로, 코카인 가루를 가열해 흰색 또는 황갈색 알갱이처럼 만들어 사용하는 것이다. 코카인과 크랙은 둘 다 중독성이 강하고 매우 위험하다.

크랙 코카인

 코카인은 코를 통해 흡입하거나 정맥에 주사하여 주입하는 각성제의 한 종류로, 심장을 더 빨리 뛰게 하고, 혈압과 체온을 높이며 빠르고 강렬한 힘과 에너지를 만들어 낸다. 이렇게 강한 에너지를 낸 이후에는 곧바로 우울하고 신경질적이게 되며, 다시 기분이 좋아지기 위해서 더 많은 약물을 갈망하게 되어 중독에 빠지는 것이다. 코카인은 중독성이 강해서 한 번만 시도해도 중독될 수 있고, 단 한 번의 사용으로도 심장 마비, 뇌졸중 또는 사망에 이를 수 있다. 코카인을 흡입하면 콧구멍 사이가 손상되어 코 중앙에 구멍이 생길 수도 있다.

제6절
기침·감기약

덱스트로메토르판^{dextromethorphan}은 기침 및 감기약에 들어가는 성분으로, 뇌의 기침 중추에 작용하여 기침을 억제하는 약물이다. 가래가 없는 마른기침 억제에 사용되기도 한다. 단일제는 없으며, 주로 감기약 등에 복합되어 사용된다. 대부분은 일반 의약품이나, 1일 복용량이 60mg을 넘는 제제는 전문 의약품으로 분류되며 향정신성 의약품으로 지정되어 있다. 일반 의약품도 과량을 복용하면 부작용이 발생할 수 있으므로 정해진 용법대로 복용해야 한다.

덱스트로메토르판^{dextromethorphan}이 함유된 의약품은 시럽, 캡슐, 알약 또는 목캔디로 제공된다. 그러나 어떤 사람들은 기침 시럽에서 덱스트로메토르판을 추출하여 "순수한" 분말 또는 캡슐로 만들기도 한다.

덱스트로메토르판을 너무 많이 복용하면 케타민 및 PCP와 같은 약물로 인한 환각과 유사한 경험을 하게 된다. 이러한 효과는 최대 6시간 동안 지속될 수 있다. 덱스트로메토르판을 사용한 사람은 뇌 기능, 특히 호흡과 심장 기능을 조절하는 뇌 부위가 억제되거나 팔다리를 제어하는 데 어려움을 겪고 흐릿한 시야, 어눌한 말, 현기증 및 판단력 장애를 경험하게 된다.

다른 단기적인 효과로는 편집증과 혼란, 과도한 땀 배출, 메스꺼움과 구토, 복부 통증, 불규칙한 심장 박동과 고혈압, 불안, 건조하고 가려운 피부와 얼굴이 붉어짐 등이 나타날 수 있다. 덱스트로메토르판은 처방전 없이 판매되기 때문에 안전해 보일 수 있다. 그러나 많은 양의 복용은 의식 상실, 발작, 뇌 손상 및 사망을 포함한 위험한 부작용을 일으킬 수 있다.

덱스트로메토르판의 특히 위험한 부작용 중 하나는 고열이다. 더운 환경이나 클럽에서 춤을 줄 때와 같이 육체적으로 활동할 때 큰 문제가 된다. 높은 체온은 빠르게 뇌를 손상시키거나 혼수상태로 이어질 수 있기 때문이다.

덱스트로메토르판은 특히 순수한 분말 형태인 경우 과다 복용으로 쉽게 이어질 수 있다. 이 약물을 과다 복용한 사람은 뇌 손상이나 발작이 일어날 수 있으며 심지어 사망에까지 이를 수도 있다. 기분이 좋아지기 위해 감기약을 사용하는 사람들은 덱스트로메토르판뿐만 아니라 많은 약을 다량 복용하고 있다는 사실을 깨닫지 못하고 있을 수 있다. 덱스트로메토르판을 다른 약물 또는 알코올과 혼합하면 생명을 위협하는 질환이 발병할 가능성이 높아진다. 예를 들어, MDMA와 같은 약물과 결합하면 고열의 위험이 증가하고 뇌 손상, 발작, 혼수상태 및 사망으로 이어질 수 있는 것이다.

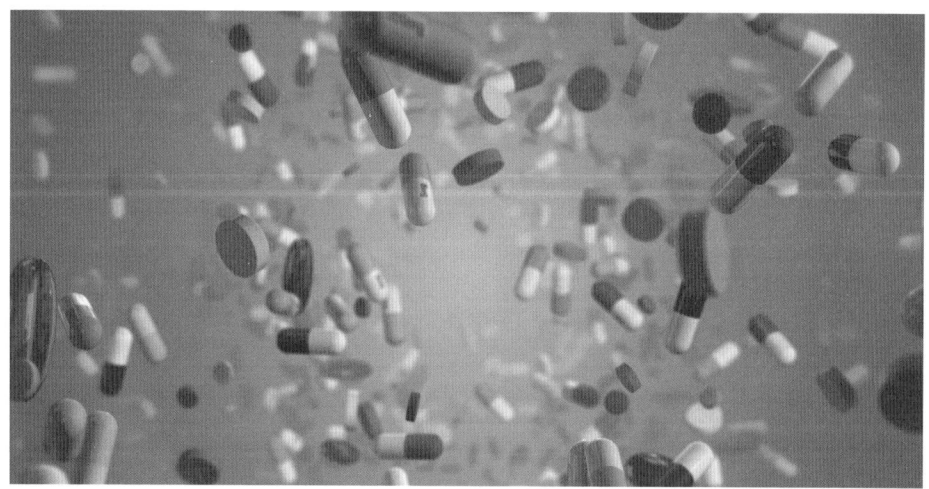

제7절
우울증 치료제

진정제는 신경을 진정시키고 근육을 이완시키는 작용을 한다. 의학적인 이유로 의사를 통해 합법적으로 구할 수 있지만, 불법적으로 남용되는 경우도 많다. 우울증 치료제는 진정제의 일종이다. 항우울제를 부적절하게 복용하면 혼란, 저혈압, 심박수 저하 및 호흡 둔화가 유발될 수 있다. 또한 말이 어눌하고 집중력이 떨어질 수 있으며, 직장이나 학교에서 잠이 들 수 있다. 항우울제는 중독성이 있으며 금단 증상에는 불안, 불면증 및 발작 등이 있다.

우울증 약물은 알코올 및 기타 약물과 함께 복용하면 매우 위험하다. 과다 복용한 진정제는 호흡을 멈추게 하고 사망에 이를 수 있기 때문이다.

제8절
펜타닐

펜타닐은 의사가 통증 치료를 위해 처방할 수 있는 합성 오피오이드이다. 그러나 펜타닐도 불법으로 제조되어 길거리 마약으로 판매되고 있다. 자일라진, 헤로인, 코카인 등 길거리에서 마약과 섞어 마약의 효과를 높이거나, 중독성을 높여 판매하는 경우가 많다. 펜타닐은 아주 적은 양으로도 치명적이기 때문에 주의해야 한다.

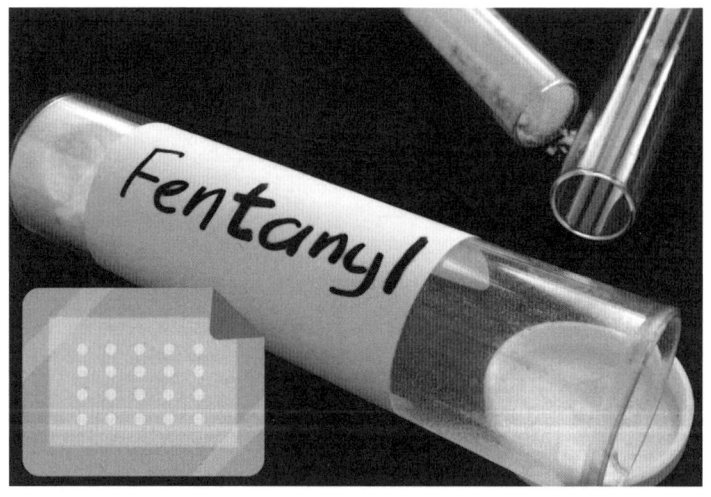

불법적으로 제조된 펜타닐은 액체 및 분말 형태로 제공된다. 알약으로 만들 수도 있고, 비강 스프레이나 점안액으로 사용할 수도 있으며, 주사로 맞을 수도 있다. 대부분의 사람들은 펜타닐이 길거리 마약에 섞여 있다는 사실을 모르는 경우가 많고, 실제로는 펜타닐인데 다른 상표의 약(예: 옥시코돈)이라고 듣는 경우도 있다. 또한 그들은 이 약물이 얼마나 강한지 깨닫지 못하기 때문에 과다 복용할 수 있다.

펜타닐의 진통 효과는 모르핀의 약 50배~100배로 알려져 있고, 주로 가루 또는 패치 형태로 유통된다. 펜타닐의 부작용으로 졸음, 메스꺼움, 구토, 요폐, 호흡 둔화가 일어날 수 있으며 심지어 사망에 이를 수 있다. 펜타닐은 중독성이 강하기 때문에 사용을 중단하려고 하면 공황, 불면증, 심한 오한과 발한, 근육통, 위경련, 메스꺼움, 구토 및 설사와 같은 금단 증상이 나타나는 경우가 많다.

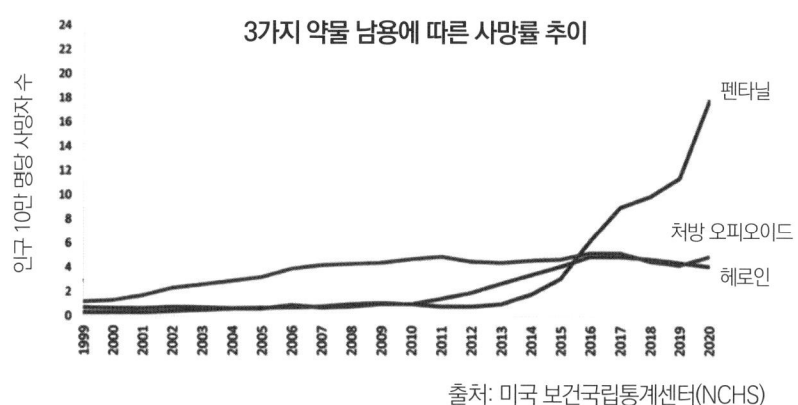

출처: 미국 보건국립통계센터(NCHS)

펜타닐은 가격이 싸고 사용이 간편하면서도 진통으로 인한 쾌락 효과가 강력한 탓에 흔하게 구할 수 있게 된 시점부터 중독 사례와 사망 사고도 폭발적으로 증가했다. 국립보건통계센터에 따르면 펜타닐 과다 복용 사망률은 2016년에서 2021년 사이에 거의 4배 가까이 폭증했다.

다른 마약과 달리 펜타닐은 입에 머금고만 있어도 구강 점막으로 빠르게 흡수되어 즉각 작용한다. 그래서 중독자들이 허겁지겁 입에 넣다가 과다 투여로 입에 약을 머금은 채 그대로 사망하기도 한다. 값이 싸고 많은 양을 구할 수 있는 데다가 마이크로그램 난위로도 강력한 진동 및 진성 효과를 발휘하기 때문에 계량이 어려워서 한계치를 넘어 섭취하기 쉽기 때문이다. 과량 투여되면 진정 효과가 호흡 중추까지 미쳐 사망까지 복합적인 요소가 맞물리기 때문에 2020년대 들어 약물로 누군가 죽었다는 뉴스가 나오면 펜타닐 과용인 경우가 대부분이었다. 특히나 중국에서 오는 약물은 품질 관리가 잘 안 되다 보니 펜타닐을 알약으로 만드는 과정에서 혼합을 제대로 하지 않아 하나를 반쪽으로 나누었는데, 반쪽에는 펜타닐이 치사량, 다른 반쪽에는 그 이하가 들었다란 이야기가 툭하면 나온다. 물론 어느 쪽이 많이 어느 쪽이 적게 들어 있는지는 검사를 해 봐야만 안다.

2022년 6월에는 미국 테네시 주에서 길바닥에 떨어진 1달러 지폐에서 펜타닐과 메스암페타민이 검출되었다는 사실이 보도되었다. 수사 당국은 펜타닐 지폐가 더 있으리라 추정하고 출처를 모르는 달러 지폐를 집는 행위를 주의하라고 경고했다.

우리나라에서는 2017년 울산 지역에서는 할머니가 진통제로 부착하고 있던 펜타닐 패치를 등에 업혀 있던 손자가 입으로 빨아 먹어 사망하는 사건도 있었다.

최근에는 10대 청소년들이 펜타닐을 처방받아 사용하거나, 판매하는 경우가 많아지고 있다고 보고되었다. 식약처 마약류통합관리시스템에 따르면 10대 이하에게 펜타닐 패치가 처방된 사례는 2018년 2,814건, 2019년 4,111건, 2020년 3,801건, 2021년 2,965건으로 나타났다. 또한 청소년들 사이에서 서로에게 쉽게 권한다고 하니 펜타닐의 위험성을 더 널리 알릴 필요성이 있다.

제9절
헤로인

헤로인은 진통제 계열에 속한다. 이 약은 아시아, 멕시코, 남아메리카에서 자라는 꽃인 양귀비에서 유래한다. 순수한 헤로인은 백색 분말이다. 일부 헤로인은 짙은 갈색인 반면, 검은색 타르 헤로인은 끈적거리거나 단단하며 지붕 타르처럼 보이기도 한다.

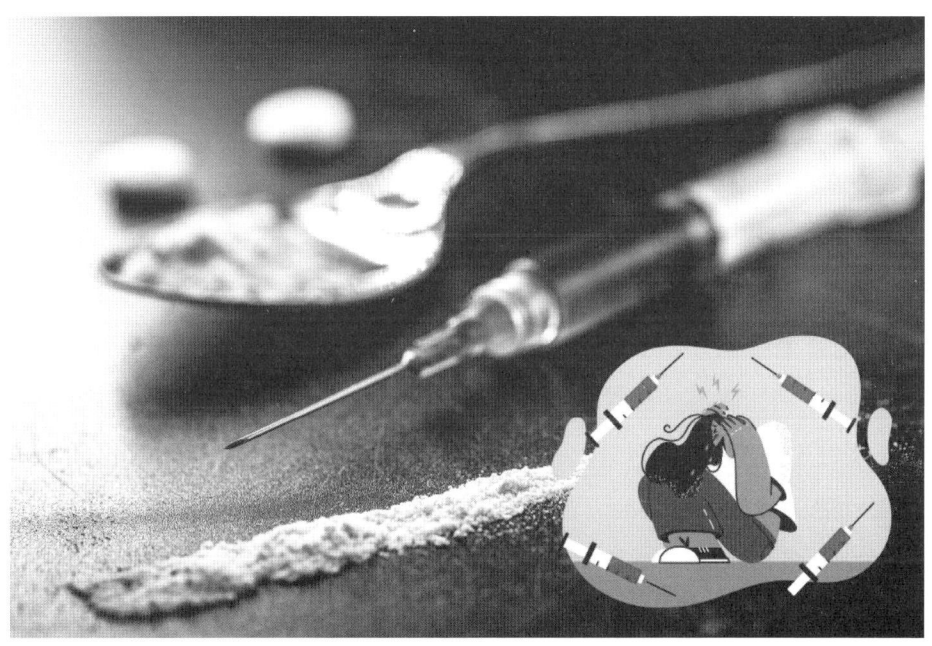

코데인과 모르핀과 같은 일부 마약은 통증 완화를 위해 처방받아 사용하면 합법이지만 헤로인은 위험한 부작용이 있고 중독성이 매우 강하기 때문에 처방도 받지 못하는 불법 마약이다. 헤로인은 보통 주사를 맞거나 담배로 피우며 더 순수한 형태의 헤로인은 코로 흡입하기도 한다. 헤로인은 기분을 폭발적으로 끌어올리거나 감정을 솟구치게 하며, 사용자는 이에 따른 "흥분"을 경험하고 편안함을 느낀다. 그 다음에는 졸음과 메스꺼움이 뒤따를 수 있다.

헤로인에 중독된 많은 사람들은 하루에도 몇 번씩 바늘로 정맥에 약물을 주입한다. 시간이 지남에 따라 이런 바늘 자국은 영구적인 흉터가 될 수 있다.

흔히 헤로인 중독자들은 주사 바늘을 여러 명이서 함께 사용하는데, 그로 인해 B형 간염, C형 간염 또는 AIDS를 일으키는 바이러스인 HIV와 같은 위험한 세균에 감염될 수 있다. 또한 헤로인은 매우 중독성이 강한 마약이어서 많은 사람들이 중단하는 것을 극도로 어려워한다. 심지어 한두 번만 사용한 후에도 끊기 어렵다. 헤로인 사용자들은 끊임없이 다음 복용을 갈망한다.

헤로인 중독자들이 갑자기 마약 사용을 중단하려고 하거나 다른 약을 복용할 수 없게 되면 공황 상태, 불면증, 심한 오한과 땀, 근육통, 위경련, 메스꺼움, 구토, 설사와 같은 금단 증상이 나타나는 경우가 많다.

헤로인을 과다 복용하면 호흡이 멈추고 사망할 수 있다. 헤로인이 펜타닐과 같은 합성 오피오이드와 혼합된 경우 특히 그렇다. 현재 많은 판매상들은 헤로인에 펜타닐을 섞어 사용하는데, 펜타닐은 헤로인보다 훨씬 강하고 더 빨리 과다 복용을 일으킬 수 있는 진통제이다.

제10절
흡입제

흡입제는 즉각적인 환각을 일으키게 하는 것들이다. 여기에는 접착제, 페인트 희석제, 드라이클리닝 유체, 휘발유, 펠트 팁 마커 유체, 헤어스프레이, 데오도란트, 스프레이 페인트 및 휘핑크림이 포함된다.

흡입제는 용기에서 직접 흡입하거나(킁킁거리거나 콧김이라고 함), 비닐봉지에서 흡입하거나 흡입제에 적신 헝겊을 입에 물고 흡입한다. 흡입제는 술에 취한 듯한 빠른 느낌을 주며 졸음, 비틀거림, 현기증 및 혼란이 뒤따른다. 장기간 사용자는 두통, 코피를 흘리고 때로는 후각을 잃게 되는 경우도 있다. 흡입제는 뇌로 가는 산소를 감소시켜 뇌 손상을 일으킬 수 있다.

흡입제는 한 번만 사용해도 생명을 위협하는 건강 문제가 발생할 수 있으며 심지어 사망에 이를 수도 있다.

제11절
메스암페타민 – 필로폰

　메스암페타민은 각성제의 일종으로, 사람들이 오랫동안 깨어 있을 수 있게 하고, 수면을 덜 필요로 하게 해 주어 지속적인 활동을 할 수 있게 해 주는 약물이다.

　이러한 약물은 알약, 분말 또는 두툼한 결정체로 만들어진다. 크리스탈 또는 얼음이라는 별명을 가진 필로폰은 댄스 클럽과 파티에 가는 젊은이들이 많이 사용하는 마약이다.

　메스암페타민은 삼키거나, 흡입하거나, 피우거나, 정맥에 주사한다. 필로폰을 삼키거나 콧김으로 내뿜을 때, 사용자는 강렬한 흥분을 느끼게 된다. 주사는 러시 또는 플래시라고 하는, 빠르지만 강한 강렬한 느낌을 만든다. 그러나 필로폰은 신체와 뇌에 매우 해로우며, 특히 반복적으로 사용하면 더욱 해롭다.

　부작용으로는 빠른 호흡, 불규칙한 심박수, 혈압 상승 등이 있다. 또한 발한, 두통, 시야 흐림, 구강 건조, 안면 홍조 및 현기증을 호소할 수 있다. 이 약물은 식욕을 감소시키거나 아예 식욕을 느끼지 못할 수도 있기 때문에 체중을 빨리 줄이려는 사람들에게 위험한 다이어트 전략으로 사용되기도 한다.

　필로폰은 특히 치아와 잇몸에 심각한 부작용을 초래하고, 기억력과 신체 움직임에 관여하는 뇌의 부분을 손상시킬 수 있으며, 감정 기복과 폭력적인 행동을 유발할 수 있다. 필로폰을 다량으로 사용하면 위험할 정도로 높은 체온, 혼란, 경련(통제할 수 없는 경련하는 신체 움직임), 심지어 사망에 이를 수 있다.

제12절
환각 버섯 – Magic Mushrooms

일부 버섯에는 환각을 유발할 수 있는 물질인 실로시빈과 실로신^{psilocin}이 포함되어 있다. 이 버섯을 많이 사용하면 LSD라는 약과 비슷한 효과를 낼 수 있다.

환각 버섯은 쓴 맛을 없애기 위해 음식에 섞거나, 차에 우려서 마시는 방식으로 복용한다. 버섯의 효과는 일반적으로 약 30분~45분 후에 시작되며, 최대 6시간 동안 지속될 수 있다. 초기 효과에는 일반적으로 메스꺼움과 과도한 하품이 포함된다.

처음에는 졸리거나 편안한 느낌을 줄 수 있다. 그러다 점차 환각, 불안, 편집증 및 신경과민을 유발할 수 있다. 또한 시간, 장소, 현실에 대해 왜곡된 감각을 가지게 할 수 있다. 너무 많은 양을 복용하면 정신병으로 알려진 장기적인 정신 건강 이상 상태로 이어질 수 있다.

더불어 통제력을 잃는 무서운 생각, 극심한 편집증, 공황 발작, 죽음에 대한 두려움으로 이어질 수 있다. 이러한 버섯을 사용하는 사용자에게는 사람마다 다른 증상이 나타나기 때문에 어떤 종류의 증상이 나타날지 예측하기가 매우 어렵다. 또한 몇 시간 후가 될 수 있는 증상이 모두 끝날 때까지 증상을 없앨 방법은 그저 기다리는 것밖에 없다.

환각 버섯은 메스꺼움과 구토, 심박수, 혈압 및 체온 증가, 근육 약화, 졸음, 균형감각 상실, 동공 확장이 나타날 수 있고, 위경련을 일으키거나 구토 혹은 설사를 유발할 수 있다. 또한 이 버섯은 사람의 현실 감각을 변화시키고 판단력에 영향을 미치기 때문에 버섯에 취한 상태에서 운전하면 사고가 발생할 수 있다. 더불어 매우 드문 경우지만 엄청난 양의 버섯을 섭취하면 사망에 이를 정도로 심각할 수 있다.

제13절
다이어트 약

우리나라에서 식욕 억제제로 허가받은 약물은 펜터민, 펜디메트라진, 디에틸프로피온, 마진돌, 펜터민/토피라메이트 복합체 성분의 의약품이 있으며 향정신성의약품으로 지정되어 관리되고 있다.

보통 식욕 억제제는 4주 이내만 복용하도록 권고하고 있으나 의사의 판단에 따라 4주 이상 복용이 가능하다. 하지만 그렇더라도 총 처방 기간은 3개월을 넘지 말아야 한다는 안전사용지침이 마련되어 있다.

대부분의 식욕 억제제의 화학적 성질은 암페타민과 유사하다. 즉, 필로폰과 유사한 약물이라고 할 수 있다. 이러한 암페타민 계열 약물들은 식욕 억제 작용뿐만 아니라, 중추신경에 작용해 뇌 구조 변형, 금단, 내성, 환각, 중독 증상은 물론 망상과 정신병적 증상 그리고 공격적 행동을 나타낼 수 있다.

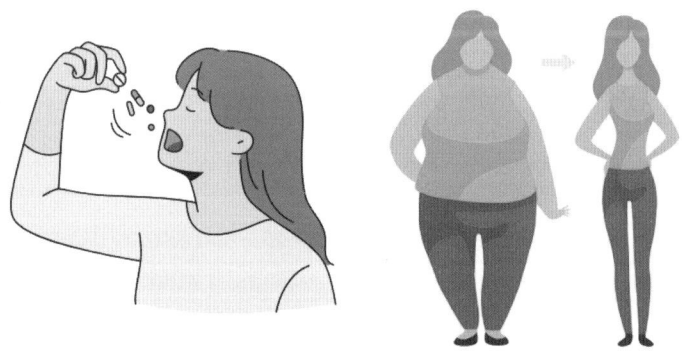

식욕 억제제의 부작용으로는

1. 심혈 관계: 심계 항진, 빈맥, 혈압 상승, 폐동맥 고혈압, 허혈성 심질환
2. 중추신경계: 불안, 흥분, 어지럼증, 불면, 진전, 두통, 정신병적 에피소드
3. 위장 관계: 설사, 변비, 구역, 구토, 복부 불쾌감, 불쾌한 맛, 구갈, 기타 위장관 장애
4. 과민 반응: 두드러기, 발진, 반상 출혈, 홍반
5. 비뇨 생식계: 발기 부전, 월경통, 성욕 변화, 월경 곤란, 여성형 유방증
6. 기타: 모발 감소, 근육통, 배뇨 곤란, 다뇨증, 골수 기능 억제, 백혈구 감소증, 발한

과체중과 비만은 식욕 외에도 다양한 원인이 존재한다. 약물은 일차적인 선택이 아니며, 운동이나 식사 조절, 심리적 안정을 위한 노력을 우선적으로 하는 것이 중요하다.

마약류 식욕억제제 연령대별 처방 현황

연령별	환자 수	처방 건수	연령별	환자 수	처방 건수
10세	13	37	14세	148	396
11세	17	27	15세	286	781
12세	29	77	16세	68	1,869
13세	73	192	**계**	**1,274**	**3,374**

출처: 김미애 의원실 2021년

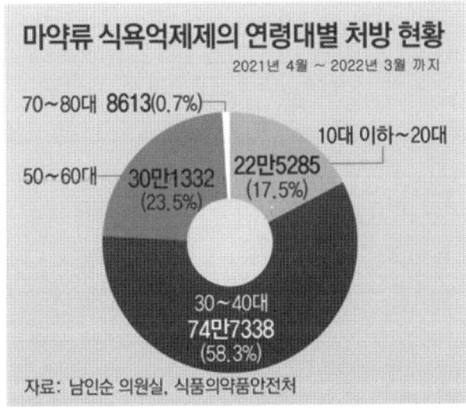

제14절
처방 진통제 오피오이드

오피오이드는 통증 조절에 매우 효과적이지만 심각한 부작용을 일으키고 의존성, 중독 및 과다 복용으로 이어질 수 있어 매우 위험하다. 이러한 의약품의 오용은 미국의 오피오이드 위기에 기여했다. 최근에도 매일 수백 명의 사람들이 오피오이드 과다 복용으로 사망하고 수백만 명이 중독과 싸우고 있다.

오피오이드가 함유된 약을 처방받은 경우 이 오피오이드 안전 체크 리스트를 따라야 한다.

오피오이드 안전 체크 리스트
- 오피오이드 약을 처방받은 대로 정확하게 복용하십시오.
- 처방된 것보다 더 많은 약을 복용하지 마십시오.
- 처방된 것보다 더 자주 약을 복용하지 마십시오.
- 먼저 의료 제공자나 약사와 상의하지 않는 한 다른 약을 복용하지 마십시오.
- 오피오이드 약을 복용하는 동안 술을 마시지 마십시오. 심각한 의학적 문제, 심지어 사망에 이를 수도 있습니다.
- 약을 복용하는 동안 운전, 자전거 타기 또는 기계 조작을 하지 마십시오.
- 임신 중이거나 임신 가능성이 있는 경우 오피오이드 약을 복용하지 마십시오. 아기에게 심각한 문제를 일으킬 수 있습니다.
- 약을 다른 사람과 공유하지 마십시오.
- 오피오이드는 어린이, 친구 및 방문객의 손이 닿지 않는 잠긴 캐비닛에 보관하십시오.

· 남은 오피오이드는 더 이상 필요하지 않은 즉시 안전하게 폐기하십시오.

오피오이드에 중독된 사람은 처방전이 소진되고 나서도 계속해서 복용하고 싶어 한다. 이는 새로운 처방전을 받기 위해 의료 서비스 제공자에게 거짓말을 하거나, 친구에게 오피오이드를 구입하거나, 주변 지인들에게서 오피오이드를 훔치거나, 길거리 마약(예: 헤로인)을 구입하여 사용하는 것과 같이 부적절하고 위험한 행동으로 이어질 수 있다.

때때로 사람들은 다른 사람에게 처방된 오피오이드를 복용한다. 예를 들어, 10대 청소년이 동생의 약을 복용하거나 누군가가 통증, 불안 또는 수면 문제를 관리하기 위해 받은 타인의 오피오이드를 훔쳐 복용하는 것이다. 그들은 의료인이 처방한 약이기 때문에 처방 오피오이드 약물이 길거리 약물보다 안전하다고 생각할 수 있다. 그러나 처방 오피오이드조차 심각한 부작용, 의존성, 중독 및 과다 복용으로 이어질 수 있는 위험이 있다.

오피오이드를 처방 받은 뒤 해당 약을 다 복용하면 부모나 보호자는 사용하지 않거나 남은 약을 치워야 한다. 의사 또는 약사에게 여분의 약을 안전하게 제거하는 방법을 문의하는 것이 좋다. 약을 물로 씻어 내거나 커피 찌꺼기와 섞은 다음 버리거나 약물을 전문적으로 회수하는 기관에 가져갈 것을 권장할 수 있다.

제15절
케타민

케타민은 미다졸람, 프로포폴과 함께 수면 마취제 삼총사로 불리기도 하는데, 강력한 진통 작용과 함께 환각 작용을 가지고 있기 때문에 마약으로 오용되게 되었다. 마약으로 쓰일 때는 속칭 Special K라고 불리기도 하지만 보통 줄여서 케이(K)라고 부른다.

주사기로 주입하면 대개 30분~45분 정도, 코로 흡입하면 45분~60분 정도 효과가 지속된다고 한다. 케타민 염산염은 인간과 동물 모두에게 합법적으로 사용할 수 있는 속효성 마취제이다. 하지만 과다 복용 시에는 LSD와 유사한 중독과 환각을 일으키게 된다.

다양한 형태로 만들어지는 케타민은 코로 흡입하거나, 삼키거나, 연기로 마시거나, 주사할 수 있다. 사용자는 종종 엑스터시 또는 코카인과 같은 다른 약물과 함께 사용하기도 한다.

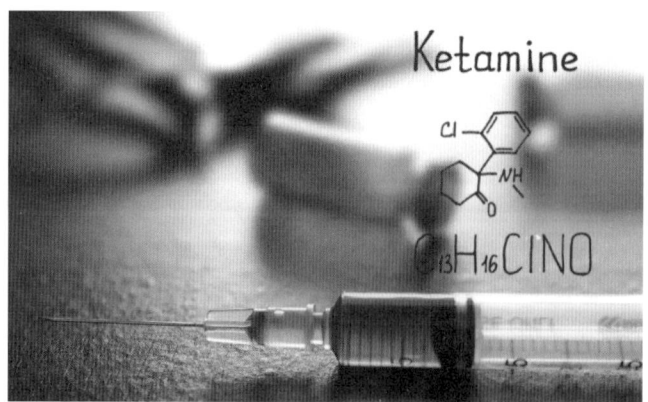

케타민을 사용하는 사람들은 스트레스를 완화하고 기분을 좋아지게 하기 위해 심리적으로 케타민에 의존하게 될 수 있다. 사용자는 정신 착란, 환각, 시간 감각과 현실 감각을 잃을 수 있다. 케타민으로 인한 증상은 최대 2시간 동안 지속된다. 사용자는 메스꺼움이나 구토를 일으킬 수 있으며 사고력이나 기억력에 문제가 발생할 수 있다. 고용량 사용 시, 운동 문제, 신체 마비 및 호흡 둔화 등을 유발한다. 케타민을 과다 복용하면 호흡이 멈추고 사망에 이를 수 있다.

케타민은 중독 및 내성의 가능성이 있으므로 사용자가 동일한 효과를 얻기 위해 시간이 지남에 따라 더 많은 용량을 복용해야 할 수도 있다. 케타민 중독으로 인한 금단 증상에는 우울증, 불안 및 불면증이 포함된다. 과거 유명 여자 가수가 케타민이 함유된 음료를 모르고 마셨다가 수사를 받은 일도 있었다. 케타민이 함유된 음료는 대체로 불법적으로 제조되며 일반적으로 '케이', 'K', '스페셜 K' 등의 이름으로 알려져 있다.

케타민이 함유된 음료를 마시면 몸이 심하게 이완되고 둔감한 상태가 되며, 몽롱하고 환각적인 상태를 경험할 수 있다. 이러한 효과 때문에 케타민이 함유된 음료는 불법적으로 유통되며, 마약으로 간주하여 대한민국의 법률에서 엄격히 처벌된다. 따라서 해외여행 중에라도 케타민이 함유된 음료를 마시지 않도록 주의해야 하며, 이와 같은 불법적인 행위가 음식점이나 클럽 등에서 행해지고 있다는 정보가 있으면 즉시 신고해야 한다. 마약류 사용과 거래는 법적으로 엄격히 금지되어 있으며 건강과 안전에도 매우 위험한 행동이므로 절대 시도하지 않는 것이 좋다.

제16절
GHB

GHB를 일명 '물뽕'이라고 부르는데, 이는 복용할 때 음료수 등의 액체에 타서 마신다는 이유로 붙은 이름이다. 여기서 '뽕'은 메스암페타민을 지칭하는 속어인 '히로뽕'에서 나왔다. 즉, 물에 타서 먹는 히로뽕이라는 뜻이다. GHB를 물에 몇 방울 타서 마시면 10분~15분 이내에 기분이 좋아지고, 취한 듯한 상태가 되면서 몸이 이완된다. 알코올에 타서 먹으면 그 효과는 더욱 상승한다. GHB의 이 같은 효과 때문에 주로 성범죄에 많이 이용되어 레이디 킬러$^{lady\ killer}$, 혹은 데이트 강간 약물$^{date\ rape\ drug}$이라고 불리기도 한다. 과다 복용 시에는 뇌사나 사망에 이를 수도 있다.

GHB는 무색무취이기 때문에 자신도 모르게 타인이 주는 음료를 마시고 환각을 느끼는 경우도 생길 수 있다. GHB 사용의 부작용으로는 졸음, 현기증, 메스꺼움, 구토, 시력 변화 등이 있다. GHB를 복용한 사람은 의식을 잃고(기절), 호흡을 멈추고, 혼수상태에 빠질 수 있다. GHB와 알코올은 둘 다 진정제이기 때문에 이 둘을 혼합하는 것은 매우 위험하고 치명적일 수 있다. GHB는 많은 젊은이들에게 심각한 영향을 끼쳤으며 MDMA보다 더 많은 사망자가 발생했다.

제17절
LSD

LSD$^{\text{lysergic acid diethylamide}}$는 환각제이다. 환각제는 사람들이 주변 세계를 감지하는 방식을 변화시킨다. LSD는 무취, 무색, 무미이다. 사람들이 핥거나 삼킬 수 있는 작은 종이에 칠할 수 있다. LSD는 공간, 거리, 시간에 대한 감각을 변화시킨다. 사람들은 색깔을 "듣는다"거나 소리를 "본다"고 말할 수 있으며, 이상한 느낌과 강한 감정을 가질 수 있다.

LSD 스티커

LSD를 사용하면 판단력과 행동에도 영향을 미치기 때문에, 위험한 상황에 처할 수 있다. 신체적 변화에는 심박수 및 혈압 증가, 근육 경련 및 떨림, 동공 확장, 발한, 불면증 및 식욕 부진이 포함된다.

제18절
MDMA - 엑스터시

엑스터시(3, 4-메틸렌디옥시-N-메스암페타민 또는 MDMA)는 불법적으로 제조되는 약물로, 환각을 유발할 수 있는 각성제이다. 이 마약은 사람의 기분을 좋게 만들기 위해 개발되었기 때문에 디자이너 약물로 알려져 있고, 클럽이나 콘서트에 가는 10대와 젊은 성인에게 인기가 있다.

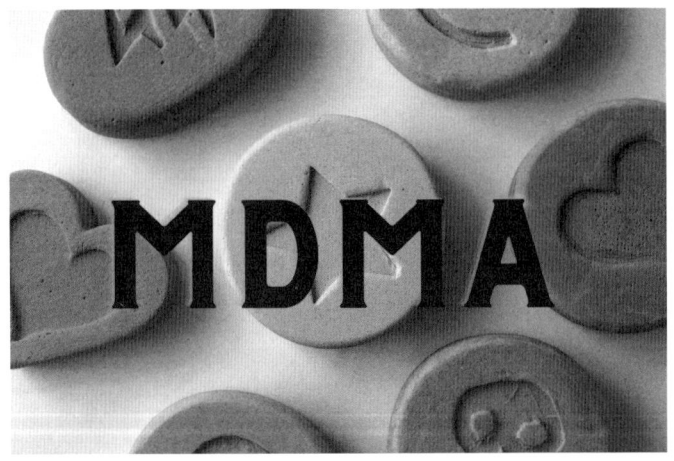

이 마약을 복용한 사람들은 마약이 자신을 기분 좋게 만들고, 쉬지 않고 며칠 동안 계속 움직일 수 있게 만든다고 생각한다. 그리고 엑스터시는 다른 마약에 비해 중독성이 약하다는 말이 있는데, 이로 인해 엑스터시를 사용하는 사람들은 이 약이 얼마나 위험한지 정확하게 알지 못한다. 엑스터시는 제조자가 마음대로 디자인이 가능한 합성 마약이기 때문에 어떻게 혼합하느냐에 따라 필로폰이나 다른 마약보다 강한 중독성과 부작용을 나타내기도 한다.

최근 엑스터시는 클럽이나 거리에서 판매되는 가장 흔한 불법 마약 중 하나가 되었다. 지난 몇 년 동안 엑스터시를 복용한 많은 사람들은 그 위험한 부작용 때문에 응급실을 찾았다. 알약 형태의 엑스터시를 삼키거나 분말 형태의 엑스터시를 코로 흡입할 수 있다.

엑스터시는 환각제이자 각성제이기에 사용자가 고양된 기분을 경험하게 하고 좋든 나쁘든 감정을 훨씬 더 강렬하게 만든다. 약물의 효과는 일반적으로 최대 6시간 동안 지속된다. 엑스터시는 심박수를 증가시키고 입 마름, 이를 악물거나, 시야 흐림, 오한, 발한 또는 메스꺼움을 유발할 수 있다. 일부 사용자는 누군가가 자신을 해치려고 하거나 음모를 꾸미는 것처럼 불안하고 혼란스럽고 편집증적인 느낌을 받을 수 있다. 또한 사고와 기억을 관여하는 뇌 세포를 손상시킬 수 있다.

엑스터시를 복용하는 사람이 춤이나 기타 신체 활동을 하면 신체가 위험할 정도로 과열되어 근육 파괴로 이어질 수 있다. 이 때문에 신장, 간 및 심장 손상을 유발하고 심지어 사망에 이를 수 있다.

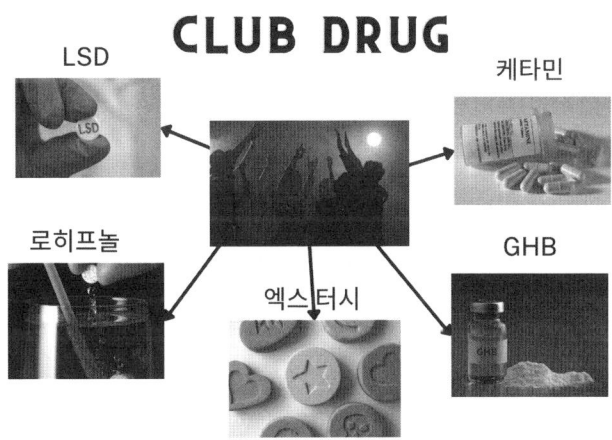

제19절
로히프놀

로히프놀은 1962년 로슈가 만든 벤조디아제핀계 수면제이며 일부 국가에서 수면제로 판매되고 있다. 하지만 우리나라를 포함한 대부분 국가에서는 불법이다. 극도의 졸음(또는 "블랙아웃")을 유발하여 데이트 강간에서 자주 사용되기 때문이다. 알코올에 넣었을 경우 파란색을 나타내며 서서히 용해된다.

로히프놀^{Rohypnol}은 앞서 말했듯 데이트 강간과 관련이 있는 것으로 잘 알려져 있다. 많은 사람들이 로히프놀을 넣은 음료를 마신 후 강간을 당했다고 신고한다. 하지만 이 약물을 복용한 후에는 무슨 일이 일어났는지 기억하기 어렵고 강간을 당했다고 신고하더라도 세부 사항을 말하기가 어렵다.

로히프놀은 혈압을 떨어뜨릴 수 있을 뿐만 아니라 기억 상실, 졸음, 현기증 및 배탈을 유발할 수 있다. 일부 사람들은 지나치게 흥분하거나 공격적으로 행동하게 될 수도 있다.

피해를 예방하기 위해서는 다음 사항에 주의해야 한다.

- 모르는 사람이 주는 음료수는 먹지 않아야 한다.
- 음료수 개봉은 본인이 해야 한다.
- 화장실 다녀오면 술이나 음료에 약이 타져 있을 수 있으니 음료를 가지고 화장실을 가거나 화장실 가기 전 음료를 비우고 간다.
- 화장실 다녀온 후에는 확실히 빈 잔에 새 음료를 따라서 마신다.
- 이미 개봉되어 있는 음료를 따라서 주는 경우 그 안에 이미 약이 타져 있을 수 있으니 주의한다.
- 파티장이나 바에서 상대방이 새 음료를 주문해서 주겠다고 하면 새 음료가 잔에 담겨져 나오는 전 과정을 유심히 살펴보아야 한다.
- 주변에 술에 취하지 않은 친구를 곁에 두는 게 좋다.
- 음료가 이상하다는 생각이 들면 즉시 버린다.
- 자기 주량보다 적게 술을 마셨는데 정신이 몽롱하거나 이상한 증상이 나타나면 즉시 도움을 요청하거나 전화로 신고한다. (이 경우 10분 내에 기억 상실이 진행되고 범죄에 저항할 수 없는 몸 상태가 될 수 있다.)
- 나이트나 클럽, 파티장, 해수욕장, 낯선 여행지나 해외여행 시 외국인이 친절하게 건네주는 술이나 음료, 소개팅 첫날 등 특히 더 주의해야 한다.
- 본인이 남자라고 마음을 놓아서는 안 된다. 남자한테 먹이고 강도짓을 하거나 여행지 등에서 남자가 약이 들어간 음료를 먹으면 같이 온 여성이 범죄의 희생자가 된다. 지켜 주어야 할 여성이 근처에 있다면 남자들도 조심해야 한다.

약물인지 그냥 내가 술에 심하게 취한 건지 구별하는 법
- 다음날 아침 숙취 증상이 평소보다 강하다면 데이트 강간 약물을 의심한다.
- 약물의 특징은 바로 전혀 기억이 나지 않는다는 점이다.
- 자신의 옷을 잘 살펴봐야 한다. 내가 잠가 놓은 단추나 지퍼 등 형태가 다를 수 있다.

· 내 몸에서 성교의 흔적이 있는데 전혀 기억이 나지 않으면 단순히 술에 취한 게 아니다.

데이트 강간 약물에 의한 피해가 의심된다면 다음의 지침을 따른다.
1. 당장 대형 병원 응급실에 간다. 절대 소변, 대변을 보거나 양치, 세수, 옷 갈아입기, 음식이나 음료수를 먹지 말고 바로 간다. 성폭행 증거가 사라질 수 있다.
2. 병원에서 경찰을 부른다. 기억이 나는 모든 일들을 경찰에 진술한다.
3. 약물 검사는 소변 검사로 이루어지는데, 로히피놀은 체내에 몇 시간 정도만 잔류하고 소변으로는 72시간 내에 검출이 되기도 한다. 중요한 건 병원 검사 전까지 절대 소변을 보지 않고 참아야 한다는 점이다. 참고로 GHB는 12시간 만에 몸에서 빠져나가 검출이 안 될 수도 있다.
4. 성폭행이 이루어진 장소를 잘 보존해야 한다. 증거물 수집에 사용된다.
5. 부끄럽고 죄책감 들고 두려운 것은 당연한 심리 현상이다. 적절한 치료를 받아야 한다.

제20절
공부 잘하는 약 – Study Drug

일명 공부 잘하는 약은 일반적으로 짧은 시간 동안 주의력과 에너지를 증가시키는 데 사용되는 처방 각성제로, 섭취 시 심박수, 호흡수 및 혈압을 증가시킨다. 이러한 약물로 사용되는 처방 각성제는 다음과 같다.

아동 ADHD를 치료하기 위한 애더럴(Adderall)과 리탈린(Ritalin)과 같은 약이 주로 처방되었다. 하지만 ADHD를 앓고 있지 않은 학생이 학교에서 더 집중하는 데 도움이 될 것이라고 생각하기 때문에 이러한 약을 사용하기도 한다. 그래서 '공부 잘하는 약'이라는 이름이 붙었다. 공부용 약물은 집중력을 높이고 더 오래 깨어 있는 데 도움이 될 수는 있지만 학습이나 사고 능력을 향상시키거나 성적 자체를 향상시키지는 않는다.

우리 뇌의 신경세포는 신경 전달 물질이라는 화학 물질을 방출하여 메시지를 주고받는다. 이때 ADHD 치료 약물과 같은 처방 각성제를 복용하면 약물이 뇌의 특정 신경 전달 물질을 증가시켜 집중력을 높인다. 의사가 ADHD에 대한 각성제를 처방할 때는 낮은 용량으로 시작하여 부작용을 관찰하며 처방 기간과 양을 조정한다. 이러한 약을 처방대로 사용하지 않거나 처방전 없이 복용한다면 부작용이 발생할 가능성이 더 높아진다. 이 약물의 부작용에는 수면 장애, 식욕 부진, 고혈압, 불규칙한 심장 박동, 두통, 과민성 및 심한 감정 기복 등이 있다. 또한 심장 마비, 뇌졸중 또는 발작과 같은 심각한 의학적 문제가 발생할 수도 있다. 알코올 또는 처방전 없이 살 수 있는 감기약이나 기타 약물과 혼합하여 사용하면 상황이 악화될 수 있다는 점을 유의해야 한다.

 이러한 약물을 사용하는 사람은 약물이 무해하다고 생각하거나 딱 한 번만 사용할 것이라고 생각한다(예: 기말고사를 통과하기 위해). 하지만 시간이 지남에 따라 각성제를 남용하는 사람들은 각성제에 의존하게 될 수 있다.

제4장

청소년을 위한 약물 교육

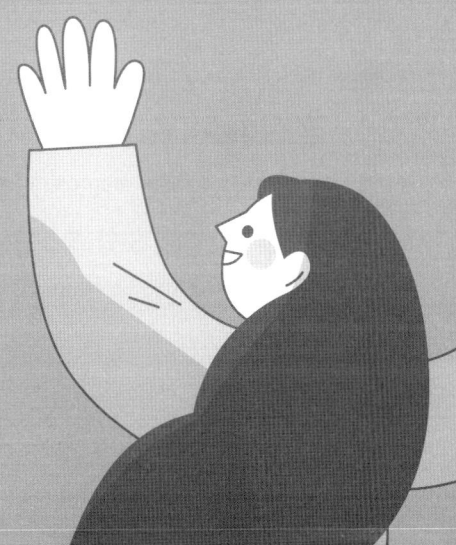

제1절
알코올

 아이들은 아주 어렸을 때부터 TV 광고나 영화에서 멋있는 사람들이 술을 즐기는 모습을 보며 자란다. 그리고 부모나 다른 성인들이 자주 술을 마시기 때문에(예를 들어, 저녁 식사와 함께 맥주나 와인을 마시는 것) 많은 청소년들에게 술은 무해한 것처럼 보인다. 호기심이 많은 청소년기가 되면서 이들은 호기심이나 어른이 된 기분을 느끼기 위해서 술을 마시거나 혹은 기분이 좋아지거나 스트레스를 풀고 긴장을 낮추기 위해 술을 마시게 된다. 더불어 술은 청소년들이 서로 어울리는 수단이 되기도 한다.

청소년들이 술을 마시는 이유

 술은 다른 약물과 비교에 쉽게 구할 수 있기 때문에 청소년들이 술을 마시는 것도 흔한 일이 되었다. 또한 청소년들은 친구나 나이 많은 형제자매가 술을 즐기는 것을 보고, 그들에게 알코올 사용은 정상적인 십 대 또는 청소년기 경험의 일부라고 생각하게 된다. 또한, 대중 매체는 이러한 생각을 강화하기도 한다. TV나 광고에서 종종 음주를 미화하고 음주의 문제점을 거의 보여 주지 않고 있기 때문이다.

청소년들은 스트레스를 받으면 기분 전환을 위해 술을 마시기도 한다. 또한 음주에 대한 부모의 태도가 자녀에게 영향을 주기도 하는데, 수많은 청소년 음주에 대한 연구에서 좀 더 관대하거나 허용적인 부모의 자녀가 술을 마시고 음주 문제를 보일 가능성이 높다는 것이 보고되었다.

청소년의 음주에 대한 문제점

청소년기에는 건강 문제를 염려하기 어려울 수도 있지만, 술을 마시는 청소년은 간 질환 발병 위험이 더 높다. 사춘기 동안이나 그 이전에 알코올을 사용하게 된다면 호르몬이 손상되고 건강한 신체 발달이 어려울 수 있다. 청소년기의 과도한 음주는 만성적인 건강 문제로 이어질 수도 있다. 또한, 알코올은 신경계의 반응을 느리게 만든다. 불안과 같은 정신 건강 문제를 완화하기 위해 술을 마시는 것은 단기적으로는 도움이 되는 것처럼 보일 수 있지만, 장기적으로는 증상이 악화된다. 알코올 사용은 청소년 자살의 중요한 위험 요소이기도 하다.

알코올은 자제력, 억제력을 담당하는 뇌 부분에도 영향을 미치기 때문에 젊은 사람들은 위험한 성행위를 포함하여 범죄 행위가 될 수 있는 잘못된 결정을 할 가능성이 높다. 그리고 무엇보다 심각한 문제는 청소년기 즉, 10대 중반에서 후반까지는 두뇌가 빠르게 발달하는 시기인데, 이 시기에 두뇌가 알코올에 노출되면 이러한 발달이 방해된다는 점이다.

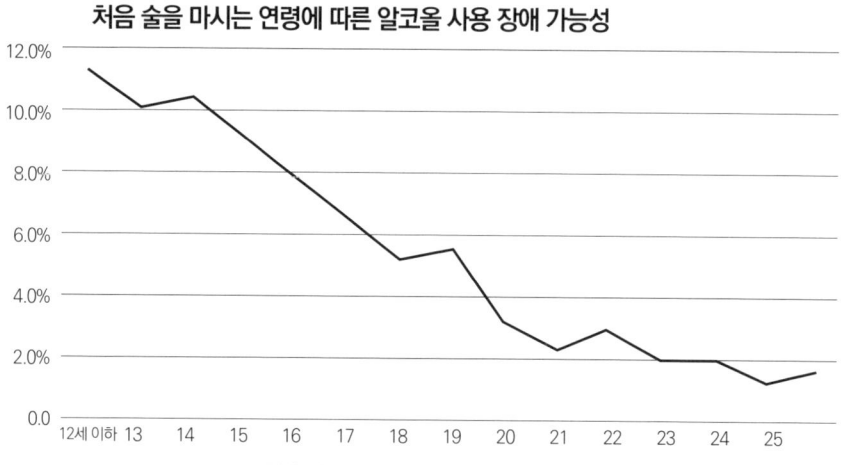

출처: 미국 보건 통계 자료

청소년 알코올 사용에 대해 더 잘 이해해야 하는 중요한 이유 중 하나는 중독 위험을 예방하기 위해서이다. 청소년기에 음주를 시작한다면 21세 이후에 음주를 시작하는 경우보다 알코올 약물 사용 장애(중독)가 발생할 가능성이 훨씬 높았다. 일찍 음주를 시작할수록 음주로 인한 문제가 생길 확률이 높아진다는 것이다. 알코올 사용 장애에 관한 가족력이 있다면 본인도 알코올 사용 장애에 걸릴 위험이 약 4배 더 높다. 하지만 알코올 사용 결정에 유전적 요인은 또래 영향이나 술에 대한 부모의 태도와 같은 환경적 요인보다는 덜 중요하다. 알코올 사용이 중독으로 이어질 수 있는 위험을 판단할 때 유전적 취약성을 고려하는 것이 중요하다.

술을 마시는 청소년에 대한 대응

부모는 자녀의 음주를 최대한 늦추도록 돕는 것이 자녀의 건강과 안전을 위해 중요하다는 것을 인지하고 있어야 한다. 만약 자녀가 술을 마시고 있다면 청소년이라면 그럴 수 있지, 하며 간과하지 말아야 한다.

대신 자녀가 술을 마시는 이유와 그러한 동기를 어떻게 하면 더 건강한 방법으로 해결할 수 있는지 찾아보고 노력해야 한다. 알코올 사용은 건강, 관계, 학교나 직장, 일상생활에 영향을 미칠 경우 특히 문제가 된다.

청소년 음주는 일탈의 문제로 보기보다는 건강의 문제로 생각하는 것이 좋다. 자녀의 건강에 대한 다른 위험을 다루듯이 이를 다루고 자녀를 처벌하려는 충동을 억제하도록 노력해야 한다. 의사소통의 문을 열어 두고, 그들의 건강과 안전에 관심을 갖고 있음을 보여 주고, 토론이 쓸데없는 교착 상태로 붕괴되는 것을 막기 위해 할 수 있는 일을 해야 한다.

친구들의 압력, 음주를 미화하고 위험을 경시하는 알코올 광고 및 마케팅, 위험하고 어른스러운 행동을 시도하려는 청소년의 욕구는 인내심, 사랑, 올바른 개입을 통해 극복할 수 있다.

다음은 청소년이 음주를 할 때 흔하게 볼 수 있는 징후들이다.

행동 변화
· 껌이나 민트를 사용하여 숨을 가린다.
· 현금 흐름에 문제가 있다.
· 눈 맞춤을 피한다.
· 책임을 이행하지 못한 것에 대해 끝없이 변명한다.
· 평소와 다르게 시끄럽고 불쾌한 행동을 보인다.
· 불면증이 있거나 에너지가 넘치는 기간이 있다.

기분 및 성격 변화
· 가족이나 친구와의 관계 변화가 나타난다.
· 기분이 자주 변하거나 정서적으로 불안정하다.
· 부뚝뚝하거나 우울한 행동을 보인다.
· 말이 없고 의사소통이 안 된다.
· 의욕이 부족하고 집중할 수 없으며 활동이 지나치게 많거나 비정상적으로 의기 양양할 때가 있다.

위생과 외모 변화
· 호흡이나 입에서 평소와 다른 이상한 냄새가 난다.
· 외관이 지저분해지고 개인위생이 열악해진다.
· 뺨이나 얼굴에 홍조가 나타난다.

건강 문제
· 무기력하다.
· 말을 잘 알아듣지 못하거나 속사포같이 말한다.
· 두통을 호소한다.
· 갑작스럽게 체중이 변화한다.
· 구토가 반복된다.

학교생활
· 결석 또는 학교에 대한 관심이 상실한다.
· 학교 과제 등을 하지 않는다.
· 성적 및 학업 능률이 저하된다.

가정에서 문제
· 집에 보관해 둔 술이 조금씩 사라진다.
· 돈이나 귀중품이 사라진다.
· 아이의 침실에서 술 냄새가 난다.

청소년의 음주 상황에 대한 관리

많은 청소년은 술을 마시도록 부추기는 또래 압력을 경험하고 있다. 그들은 직접적인 괴롭힘이나 또래 압력을 피하기보다는 "적응"하기 위해 술을 마시는 것을 선택할 수도 있다. 자녀가 각 유형의 상황에 대비할 수 있도록 미리 도와주는 것이 도움된다.

예를 들어, 부모가 집에 없거나, 친구들끼리 모였을 때 사용할 수 있는 술에 대한 저항 기술을 연습하도록 도와주는 것이다.

누군가가 너에게 술을 권하면 뭐라고 말하겠니?
질문 후 아이가 상황을 어떻게 처리할지 살펴본다. "안 돼!, 난 관심 없어."와 같은 대답을 상대방과 눈을 마주치고 단호한 몸짓으로 말하는 연습을 한다면 자녀가 이러한 상황을 대처하는 데 도움이 될 수 있다.

무엇보다 중요한 것은 보호자가 모범을 보이는 것이다.
긴장을 풀거나 즐거운 시간을 보낼 때, 혹은 스트레스를 줄이는 데 술이 필요하냐고 자녀에게 암시하지 말아야 한다. 대신, 자전거를 타거나 게임을 하는 등 더 건강한 방법, 더 건강하게 즐거운 시간을 보내는 방법을 보여 주는 것이 좋다. 집에 있는 어른들이 술에 취하거나 자제력을 잃는 모습을 자녀에게 보여 주면 안 되고, 집에 있는 다른 성인이 알코올 관련 문제를 겪고 있다면 도움을 구해 해결해야 한다.

어떻게 하면 술을 마시지 않을 수 있을까?

나는 마시고 싶지 않은데 친구들이 모두 술을 마셨을 경우, 거절하기 어려울 수 있다. 거절당하거나 소외감을 느끼는 위험을 감수하고 싶은 사람은 아무도 없다. 술을 끊는 다양한 전략은 사람마다 다르다. 어떤 사람들은 설명을 하지 않고 거절하는 것이 도움이 된다고 생각하고, 다른 사람들은 이유를 제시하는 것이 더 효과적이라고 생각한다.(예: "나는 술을 좋아하지 않아요.", "삼촌이 술을 마시고 돌아가셨어요.")

술을 마시지 않겠다고 말하는 것이 불편하다면, 거절한 이유에 부모님이나 다른 어른을 끌어들일 수도 있다. "부모님이 곧 데리러 오실 거야.", "이미 한 번 술을 마셨다가 큰 문제를 일으켜서 다시는 못 마셔.", "코치가 나를 죽일 거야."라고 말한다면 거절하기가 조금 더 쉬워질 수 있다.

친구들과의 만남에 갈 예정인데 술이 있을 거라는 걸 알고 있다면 미리 전략을 세우는 것도 방법이다. 예를 들어, 자신과 친구는 언제 떠날 것인지에 대한 신호를 미리 설정할 수 있다. 또는 친구들과 술 대신 할 수 있는 다른 무언가를 생각할 수 있다.

활동지(역할극 1)

제목: 술 거절의 용기

캐릭터:

지훈 (청소년)

선영 (술을 권하는 또래)

선영의 친구1

선영의 친구2

교사

장면 1: 학교 복도 - 점심시간

(지훈이가 복도에서 책가방을 들고 다니고 있음. 선영이와 선영의 친구1, 친구2가 다가옴.)

선영: (웃으며) "안녕 지훈아! 오늘 점심 뭐 먹을래?"

지훈: "안녕. 나 오늘은 간단하게 도시락 먹을 거야."

선영의 친구1: "도시락? 뭔가 지루하겠다. 우린 술 마셔 볼까?"

지훈: (고개를 갸우뚱하며) "아, 난 술은 안 마셔. 건강이 중요하거든."

선영: "하긴, 술 안 마셔도 뭐… 재미는 없겠지. 한 잔 정도 괜찮을 텐데."

(지훈이는 주변을 둘러보며 망설이는 표정)

장면 2: 교실 - 수업 중

(선영이와 지훈이가 같은 교실에 앉아 있다. 교사가 수업을 하고 있음.)

선영의 친구2: (귓속말로) "너무 심각하게 생각하지 마. 술 한 잔 정도 괜찮아."

지훈: (속으로 생각) "하지만 나는 술을 마시고 싶지 않아. 어떻게 말해야 할지 모르겠어."

장면 3: 학교 후

(학교가 끝나고 학생들이 복도를 헤매고 다님.)

선영: "지훈, 오늘 술 좀 마셔 봐. 정말 재밌을 거야!"

지훈: "나는 정말로 안 돼. 술은 내 건강을 해칠 수도 있고…"

선영: "그런 건 크게 신경 쓰지 마. 잠깐이야."

지훈: "하지만 나는 내 원칙을 지키고 싶어."

선영의 친구1: "그렇게까지 깊이 생각할 필요 있어? 술 한 잔 정도 괜찮아."

(지훈이는 결연한 표정으로 말하며 걸어 나감.)

장면 4: 학교 광장 - 나눔 행사

(학교 광장에서 나눔 행사가 열리고 있음. 학생들이 다양한 활동을 즐기고 있음.)

선영: "이런 행사에 참여하면 좋은 경험 얻을 수 있어."

지훈: "나는 술 없이도 재미있는 경험을 쌓을 수 있어. 너희도 친구들과 함께 참여해 보는 게 어때?"

(지훈이는 친구들과 함께 행사에 참여하며 즐거운 시간을 보냄.)

장면 5: 다음 날 - 학교 복도

(선영이가 다시 지훈에게 다가옴.)

선영: "어제는 미안해. 내가 강제로 술을 권해서."

지훈: "괜찮아. 나도 내 생각을 좀 더 자세히 전달해야 했어."

선영: "그래. 다음에는 너의 의사를 더 존중해 줄게."

(두 친구는 서로에게 존중과 이해를 표하며 학교생활을 이어 감.)

활동지(역할극 2)

제목: 함께 즐기는 건, 술이 아니야

캐릭터:

성민 (청소년)

지원 (술을 마시는 또래)

선영 (술을 피하려는 또래)

성민의 친구1

성민의 친구2

교사

장면 1: 학교 교실 - 점심시간

(성민이 교실에서 친구들과 함께 점심을 먹고 있음. 지원이가 다가옴.)

지원: "앗, 성민아! 오늘 노래방에 가서 술 좀 마시자!"

성민: "음, 나는 술을 마시지 않아. 다른 걸로 놀까?"

지원: "와, 정말? 재미없겠다."

(성민의 친구들이 흥미롭게 다가가며 다른 활동을 제안함.)

장면 2: 학교 운동장 - 노래방 가는 날

(노래방에서 친구들이 모여 있음. 음악과 함께 분위기가 뜨겁게 오르고 있음.)

성민: "와, 분위기 좋네. 술뿐만 아니라 다른 걸로도 즐길 수 있어."

(지원이가 성민에게 다가옴.)

지원: "성민, 여기 와 봐! 샷 한 잔만 먹고 분위기 띄워 보자."

성민: "나는 정말로 술을 마시기 싫어. 다른 걸로 즐기자."

지원: "어쩌면 좋아? 이런 건 처음이라서 미안해."

(지원이는 놀라운 모습으로 술 이외의 활동을 찾아본다.)

장면 3: 노래방 - 다양한 활동

(춤을 추거나 다양한 게임에 참여하며 즐거운 시간을 보내고 있음.)

선영: "여기에도 다양한 활동이 많아! 술 없이도 재미있게 놀 수 있어."

성민: "맞아, 술 없이도 충분히 즐길 수 있네."

장면 4: 노래방을 나오면서

선영: "이렇게 술 없이도 즐거운 시간을 보낼 수 있어서 참 좋았어."

성민: "맞아, 다들 함께 즐길 수 있는 다양한 활동이 많았지."

(친구들은 즐거운 경험을 나누며 함께 집으로 향한다.)

활동지(역할극 3)

제목: 친구의 선택, 우리의 건강

캐릭터:

성민 (청소년)

현우 (놀러 온 또래 친구)

선영 (성민의 친구)

지원 (놀러 온 또래 친구)

장면 1: 성민의 거실 - 놀러 온 날

(성민과 선영이 집에서 시간을 보내고 있음. 현우와 지원이가 도착함.)

성민: "어서 와, 현우야! 오랜만이야."

현우: "안녕 성민아! 잘 지냈어?"

(현우와 지원이 함께 웃으며 들어옴.)

장면 2: 거실 - 대화

(모두 함께 거실에서 대화 중.)

성민: "뭐 좀 먹을까?"

현우: "음, 술 좀 가져왔어. 한잔할래?"

성민: "아, 나는 술을 마시지 않아. 우리들끼리 즐기는 건 좋지만, 나는 건강을 중요시해."

선영: "성민이 말이 맞아. 술 없이도 재미있게 놀자!"

지원: "음, 그래. 술 없이도 재미있는 건 많잖아."

장면 3: 부엌 - 간단한 간식 준비

(성민이 부엌에서 음식을 준비하고 있는 중.)

현우: "성민아, 정말 미안해. 술은 넣어 둘게."

성민: "괜찮아, 현우야. 간단한 간식이나 함께 먹자."

(다 함께 부엌에서 음식을 함께 만들며 즐거운 시간을 보냄.)

장면 4: 다 함께 식사하는 장면

(식사를 하면서 다시 대화가 이어짐.)

현우: "내가 술을 몰래 가져온 건 잘못이었어."

성민: "괜찮아, 현우야. 앞으로는 미리 얘기해 주면 돼."

선영: "우리는 모두 친구니까, 솔직하게 얘기하는 게 좋아."

장면 5: 함께 놀이하는 장면

(식사를 마치고 다 함께 게임이나 다른 활동을 즐김.)

성민: "이렇게 술 없이도 즐거울 수 있어."

현우: "맞아, 미안해. 다음에는 더 신중하게 행동할게."

(친구들은 술 없이도 함께 즐기며 즐거운 시간을 보내고 집을 떠난다.)

활동지(상황극 연습)

술에 대해 예상할 수 있는 상황을 생각해 보고 어떻게 대응해야 할지 적어 보세요.

1. 내 성격과 평소 술에 대해 갖고 있는 생각은 어떤 것인지 적어 주세요.

2. 누군가 술을 권하는 상황을 상상해 적어 보세요.

3. 어떻게 권하는지 / 어떤 심리적 유혹(압력)이 있을지 상상해 적어 보세요.

4. 어떻게 거절할지에 대해 생각해 적어 보세요.

제2절
마리화나

　전 세계적으로 가장 자주 사용되는 약물 중 하나인 마리화나는 Cannabis sativa 라는 식물에서 추출한다. 대마초에도 존재하는 마리화나의 주요 활성 화학 물질은 THC$^{delta-9-tetrahydrocannabinol}$이다. 대마초에서 발견되는 약 400가지 화학 물질 중 뇌에 가장 큰 영향을 미치는 물질 또한 THC이다. THC는 사용자의 기분을 들뜨게 하고 고양시키는 효과가 나타난다.

　마리화나 자체는 건조하여 잘게 썬 꽃과 식물 잎의 녹색 또는 회색 혼합물이다. 마리화나는 다양한 은어로 불리는데 버드^{bud}, 크로닉^{chronic}, 도프^{dope}, 간자^{ganja}, 글래스^{grass}, 그린^{green}, 해시^{hash}, 허브^{hurb}, 조인트^{joint}, 라우드^{loud}, 메리 제인$^{mary\ jane}$, 팟^{pot}, 스컹크^{skunk}, 스모크^{smoke}, 트리스^{trees}, 왁스^{wax} 같은 것들이다.

마리화나를 사용하는 방법은 담배("조인트"라고 함)에 말거나 시가("블런트"라고 함)에 넣어 흡연하는 방법이다. 한 번의 연기 흡입을 '히트^{hit}'라고 한다. 또한 음식에 섞거나 차로 끓여서 섭취할 수도 있다. 마리화나가 합법화된 나라에서는 일부 소매점에서 초콜릿이나 쿠키, 피자, 젤리 혹은 사탕에 넣어 팔고 있다. 마리화나는 기화될 수도 있어 왁스, 오일 같은 마리화나 농축액도 판매되고 있다.

마리화나의 단기 효과로는 기억 및 학습 문제, 왜곡된 감각(시각, 소리, 시간, 촉각), 사고 및 문제 해결 능력 감소, 운동 조절 능력 상실, 심박수 증가 및 불안 등이 있다. 이러한 효과는 알코올 등 다른 약물과 함께 사용할 때 더욱 커진다.

10대 청소년기에는 정상적인 발달 과정의 일부인 호르몬 변화로 인해 성인보다 다소 감정적이다. 또한, 대부분의 성인은 스트레스를 해소하기 위해 다양한 활동을 할 수 있지만 청소년의 경우는 다르다. 그렇기 때문에 청소년이 불안, 우울증 또는 스트레스에 대한 대처 방법으로 효과가 빠른 대마초를 사용하기 시작한다면, 쉽게 끊을 수 없기 때문에 계속할 가능성이 높다. 대마초를 사용한 청소년은 즉각적인 안도감과 만족감을 얻는다. "스트레스를 받을 때 대마초를 피우면 마음이 편안해진다"는 생각이 굳어질 수 있다. 청소년은 감정을 처리하는 데 시간을 투자하는 대신, 즉각적 효과를 얻는 방법을 통해 올바른 감정적 대처 능력을 배우지 못하게 되는 것이다. 감정적 억압과 스트레스를 이기기 위한 저항성은 스포츠 활동, 친구와 어울리기, 음악 연주, 책 읽기, 자신의 감정에 대해 누군가와 이야기하는 등 건강하고 자연스러운 과정을 통해 길러진다. 청소년기에 마리화나를 사용하게 되면 이러한 스트레스 저항성을 키우지 못하는 것이다.

청소년기에 시작한 마리화나를 성인이 되어 중단하게 되면 감정적 문제를 극복하는 데 어려움을 겪을 수 있다. 본질적으로 청소년기에 습득했어야 했던 건강한 행동과 대처 기술을 배울 시기를 잃었기 때문이다.

마리화나가 신체에 영구적인 장애를 입히거나 사망을 초래할 가능성은 없지만, 일부 청소년들이 믿고 싶어 하는 것만큼 무해하지도 않다. 만성 기침, 기관지염 및 기타 질병의 위험을 증가시킬 수 있기 때문이다.

마리화나는 정신 분열증, 불안 장애, 우울 장애나 성격 변화의 위험을 증가시킬 수 있다. 이러한 변화에는 학교 성적 저하, 식사 및 수면 문제도 포함된다. 다른 약물과 마찬가지로 마리화나도 중독을 일으킬 수 있는데, 이는 다른 모든 물질과 동일한 방식으로 뇌의 보상 시스템에 영향을 미치기 때문이다.

청소년기에는 그들만의 특징이 있다. 늦게 자고, 어울리는 친구들이 자주 바뀌고, 쉽게 감정적이 되고, 학교에서 때때로 문제가 발생하기도 한다. 청소년이 마리화나나 기타 물질을 사용하고 있다면 다음과 같은 징후가 나타난다.

- 갑자기 학업 성적이 떨어짐.
- 무엇인가 숨기려 하고 거짓말을 함.
- 친구들이 갑자기 바뀜.
- 비일상적인 수면.
- 가족과 스스로 멀어짐.

무언가가 이상하다고 느꼈다면 그것이 징후가 될 수 있다.

마리화나가 청소년에게 더 위험한 이유

뇌에서 청소년기 때 가장 먼저 발달하는 부분은 신체적 협응 능력과 감정 조절 능력이다. 그러나 청소년기에는 추론과 충동을 조절하는 뇌의 일부인 전전두엽 피질은 완전히 성숙되지 않았다. 이는 마치 청소년 뇌의 다른 부분이 소리를 지르고 있는 동안 전두엽 피질이 아직 이를 조절할 역할이 준비가 되어 있지 않은 것과 같다. 그렇기 때문에 이 시기에 마리화나를 사용하여 뇌의 성장에 악영향을 미친다면 다음과 같은 상황이 발생할 수 있다.

20대 중반까지
· 감정을 참거나 조절하는 데 어려움이 있음.
· 흥미진진하고 노력이 덜 드는 활동을 선호함.
· 어설픈 계획과 판단.
· 위험하고 충동적인 행동.

따라서 청소년기에는 마리화나를 포함한 모든 불법 약물을 사용한다면 부정적인 영향을 받기 쉽다. 대마초를 사용하는 경우에도 청소년은 위험한 행동에 가담할 확률이 높아지고, 마리화나와 술을 섞어 마시거나 취한 상태에서 운전하고, 안전하지 않은 성관계를 하는 등 위험하고, 취약한 상황에 처하게 될 수 있다.

마리화나와 알코올

일부 청소년들은 마리화나가 알코올보다 안전하다고 주장할 수 있지만 마리화나와 알코올은 매우 위험한 조합이다. 많은 10대들은 일반적으로 알코올이나 마리화나를 사용하지 않는다. 하지만 어떤 청소년들은 종종 동시에 두 가지를 모두 사용하기도 한다.

마리화나와 알코올을 혼합할 때 가장 큰 위험은 판단력 장애가 크게 증가한다는 것이다. 또 어떤 사람들은 어지러움증과 피로감을 더 쉽게 느낄 수 있다. 마리화나는 항구토제(의학적 상황에서 메스꺼움과 구토를 치료하는 데 사용됨)이기 때문에 위험할 정도로 높은 혈중 알코올 농도에 도달할 때까지 술을 마시게 될 수 있다.

청소년과 마리화나에 관해 대화하는 방법

보호자가 청소년과 대화하는 것은 어렵다. 마약과 술에 관한 이야기는 더욱 어렵다. 자주 저항에 부딪히기도 한다. 하지만 개방적이고 긍정적으로 의사소통할 수 있다면 10대 자녀와 대화하는 것도 어렵지 않다.

대화의 장을 열기 위한 마음가짐

· 열린 마음

10대 자녀와 대화할 때 명심해야 할 한 가지는 자녀가 판단이나 공격을 받는다고 느낄 때 부모의 메시지를 덜 받아들일 가능성이 있다는 것이다. 부모가 자녀와 대화하면서 최상의 결과를 얻으려면 객관성과 개방성을 유지하도록 노력하는 것이 좋다. 객관성과 개방성을 유지한다는 것은 어려운 일이지만 연습을 통해 가능한 일이다.

· 자녀의 입장 되어 보기

여러분이 10대였을 때, 민감한 주제에 대해 부모와 이야기할 때 어떤 느낌을 받았는지 생각해 보는 것이 도움이 될 수 있다.

· 명확한 목표 설정하기

대화의 목표에 대해 미리 글로 작성해 보는 것이 도움이 될 수 있다. 대화를 통해 무엇을 얻고 싶은지 알게 되면 나중에 이를 다시 살펴보고 무엇이 옳았고 무엇이 잘못되었는지, 어떤 목표가 달성되었는지, 어떤 목표가 나중을 위해 남겨졌는지 검토할 수 있다.

· 침착하고 편안한 환경에서 대화하기

10대 자녀와 대화를 시작하면서 화를 내거나 당황하면 목표 달성이 더 어려워질 것이다. 자녀와 대화하는 것이 불안하다면 산책이나 명상, 음악 듣기 등을 통해 부모가 먼저 긴장을 풀어야 한다.

· **긍정적인 태도**

실망, 분노, 겁주기 등의 노력은 역효과를 낳을 것이다. 대신, 세심한 호기심과 존중하고 이해하는 태도를 취해야 한다.

· **강의나 연설은 No!**

자녀에게 마약 이야기를 꺼낸다면 이미 여러분의 자녀는 여러분의 우려를 알고 있을 것이다. 이것에 대해 자녀에게 강의한다면 그들은 대화의 문을 닫거나, 외면하거나, 화를 내거나, 상황을 더 나쁘게 만들 가능성이 높다. 또한 여러분이 자녀의 생각이나 행동을 비난하는 것으로 잘못 해석될 수 있고, 이는 수치심으로 이어질 수 있어 결과적으로 더 많은 부정적 결과를 초래할 수 있기 때문에 주의해야 한다.

· **대화하기 편안한 환경 조성**

"얘야~ 저녁 식사 후에 대화 좀 할까?"라는 식의 시작은 곧바로 저항에 직면할 수 있다. 반면에 보다 즉흥적이고 일상적인 방식으로 접근한다면 서로의 불안감도 낮춰 줄 것이다. 아마도 이것은 자녀와 산책을 하다가 공원에 앉아 있는 것을 의미할 수도 있다. 덜 제한적이지만 너무 산만해지지 않는 장소를 찾는 것이 좋다.

· **신체 언어에 유의**

자녀가 앉아 있다면 앉아서, 서 있으면 함께 서서 대화하는 것이 좋다. 이때 손가락질과 팔짱을 끼고 있는 것에 주의해야 한다. 이러한 손가락질과 팔짱 등은 닫힌 몸짓인 반면, 다리를 꼬지 않은 채 편안한 자세로 대화하는 것이 열린 몸짓이다.

적극적인 경청 연습하기

적극적 경청은 연습이 필요하지만 매우 효과적인 기술이다. 다음은 자녀에게 적극적인 경청을 할 수 있는 방법의 몇 가지 예이다.

1. 개방형 질문을 한다.

단답형 질문이 아닌 개방형 질문은 자녀의 단순한 "예" 또는 "아니오" 대답 이상의 대답을 이끌어 낸다.

다음과 같이 시도해 보자. "마리화나에 대해 어떻게 생각하니?"

2. 긍정적 태도를 갖는다.

아무리 어려워 보일지라도 상황에서 긍정적인 점을 찾아야 한다.

다음과 같이 시도해 보자. "솔직하게 말해 줘서 정말 고마워."

3. 자녀에게 당신이 듣고 있음을 알려 준다.

자녀에게서 들은 내용을 그대로 반영하거나 감정을 반영해 보자.

다음과 같이 시도해 보자. "그 담배 연기를 통해 네가 안도감을 느끼고 편안함을 느낀다고 들었는데, 맞지?"

4. 요약하고 질문한다.

당신이 내내 듣고 있다는 것을 보여 주고 그들의 의견을 물어봐야 한다.

다음과 같이 시도해 보자. "잘 이해하고 있어. 더 하고 싶은 이야기가 있니?"

5. 허락을 구한다.

자녀에게 우려 사항에 대해 이야기해도 괜찮은지, 제안해도 괜찮은지 물어봐야 한다.

다음과 같이 시도해 보자. "지금 이런 이야기를 나누기에 좋은 시간이니? 이 이야기는 다음에 해 볼까?"

6. 공감과 연민을 제공한다.

자녀에게 이해심을 심어 주고 여러분이 자녀를 충분히 이해하고 있음을 보여 주어야 한다.

다음과 같이 시도해 보자. "담배를 피우면 불안감이 해소된다고 들었는데, 네가 불안했다니 속상하네."

마리화나에 대해 청소년의 질문과 주장에 응답하기

청소년 자녀와 마리화나에 대한 이야기를 하기 위해 정해진 "대본"은 없다. 하지만 청소년 자녀와 마리화나에 관해 대화할 때 아이들의 몇 가지 주장에 대해 다음과 같이 말할 수 있다.

마리화나를 사용한 청소년은 이렇게 말한다.

"알아요, 알아요. 전에 이것에 대해 이야기한 적이 있어요."

이렇게 말한다.

"우리가 이전에 마약에 관한 대화를 나눈 적이 있다는 것을 알고 있는데, 내 이야기가 잔소리하는 것처럼 느껴졌다면 미안하다. 나는 너를 사랑하기 때문에 우리가 이 주제에 대해 더 토론할 수 있기를 바라. 네가 어려운 선택에 직면해 있는 이 시기에 도움을 주고 싶은 거야. 내 생각에는 마리화나를 합법화하는 국가도 있어서 좀 더 자세히 이야기하는 것이 중요한 것 같아. 괜찮을까?"

이유

청소년의 감정을 인정하는 것은 저항을 줄이는 효과적인 방법이다. 그리고 비난이 아닌 연민을 보여 주는 것은 마음을 열게 한다. 또한, 허락을 구하는 것은 열린 의사소통에 필수적이며 자녀가 대화 속에서 힘을 얻게 된다.

"마리화나는 술보다 훨씬 안전하다고 해요."

이렇게 말한다.
"마리화나가 술보다 안전하다고 생각하는 이유가 궁금하네. 그리고 대마초, 담배, 음주, 무모한 행동 등 자신에게 해를 끼칠 수 있는 일은 하지 않았으면 좋겠어."

이유
자녀의 건강과 복지에 대해 깊은 관심을 갖고 있음을 상기시키고 자녀의 사고 과정에 대한 진정한 호기심을 표현하는 것은 자녀가 마음을 여는 데 도움이 될 것이다.

"마리화나는 식물이에요. 식물이 얼마나 해로울 수 있나요?

이렇게 말한다.
"모든 식물이 반드시 건강에 좋은 건 아니야, 양귀비나 사람을 죽게 하는 독버섯도 있다는 것을 생각해 봐. 내가 아는 사람들 중 술이나 대마초를 사용하는 사람들은 단지 힘든 감정을 피하기 위해 사용하고 있어. 나는 네가 마약에 의존하기보다는 어려운 감정에 대처하는 건전한 방법을 찾는 것이 훨씬 나을 것 같아. 어떻게 할 수 있을지 대해 이야기해 볼 수 있을까?"

이유
청소년 자녀가 마리화나의 유해한 부작용을 이해하는 것을 목표로 다시 방향을 전환한다.

이는 대화에 개인적인 관점을 더해 주고 자녀가 자신의 삶에서 약물을 사용한 이후의 영향을 알게 해 줄 수 있다. 여기서 독서, 스포츠와 같은 건강한 대안을 생각하는 데 협력을 장려할 수도 있다.

"하지만 어떤 나라에서는 마리화나가 합법이잖아요. 왜 해를 끼칠 수 있는 일을 합법으로 정하겠어요?"

이렇게 말한다.
"술을 살펴보자. 술은 합법적이지만 음주 운전, 자동차 사고 및 교도소에 갈 수 있는 기타 행동을 포함한 피해를 초래하기도 해. 알코올은 또한 간, 심장 문제를 포함한 주요 건강 문제를 일으킬 수 있고 일부 형태의 암과 관련이 있어. 담배도 마찬가지로 중독성이 강하고 여러 가지 암을 유발할 수 있다고 입증되었지만 합법이야. 합법이고 규제되어 있다고 해서 안전하거나 해롭지 않다는 의미는 아니야."

이유
개방형 질문을 해 가면서 호기심을 표현하면 대화가 계속 이어지게 된다. 알코올은 심각하게 유해한 부작용을 갖는 규제 물질의 좋은 예이다.

"저는 딱 한 번만 했는데 괜찮았어요."

이렇게 말한다.
"그런데, 한 번만 한 이유가 있니? 왜 중단했거나 다시는 하지 않기로 결정했니? 네 경험에 대해 말해 줄래? 나는 네가 어땠는지 진심으로 궁금하구나! 기분이 어땠니?"

이유

청소년 자녀에게 왜 그 일을 한 번 이상 하지 않는지 물어보면 그 일을 좋아하지 않는 이유를 설명하게 될 수 있다. 스스로 문제점을 발견하게 할 수 있는 개방형 질문의 예이다.

담배를 피우거나 술을 마시는 부모에게 보내는 메모

여러분이 10대 자녀 앞에서든 아니든, 담배를 피우거나 술을 마시는 경우, 자녀에게 어떤 형태로든 이에 대한 영향이 미친다는 점을 예상해야 한다. 시간을 내어 자신의 행동을 재평가해 보아야 한다. 특히, 10대 자녀가 부모의 행동을 본다면 더욱 그렇다.

예를 들어, 스트레스가 많았던 긴 하루를 보내고 집에 돌아와서 가장 먼저 하는 일이 담배를 피우거나 술을 따르는 것이라면 자녀에게 다른 행동(예: 산책, 운동, 독서, 스트레칭, 심호흡 또는 긴장을 푸는 데 도움이 되는 기타 활동)으로 스트레스를 해소하거나 대처하는 것 대신 물질을 사용하는 것이 좋다는 잘못된 메시지를 보낼 수 있다.

음주 또는 흡연의 이유와 빈도, 사용량을 스스로에게 물어보아야 한다. 이러한 답변은 10대 자녀에 대한 신뢰도에 영향을 미치고, 자신의 행동에 대한 통찰력을 제공하며, 약물 사용이 어떤 식으로든 건강에 해롭다는 사실과 해로운 스트레스 대처 메커니즘이 되고 있는지 평가할 수 있게 해 준다. 솔직하게 생각하고, 필요할 경우 도움을 요청해야 한다.

제3절
오피오이드 – 펜타닐 옥시코돈, 코데인, 트라마돌 등

오피오이드 중독은 현대 사회에서 급속하게 증가하는 가장 심각한 문제 중 하나로, 특히 청소년들이 심각한 우려의 대상이 되고 있다. 더불어 이에 대한 인식과 대처의 중요성 또한 더욱 커져 가고 있다. 펜타닐 남용 등 청소년들의 오피오이드 중독은 통계적으로 계속해서 증가하고 있으며, 이로 인해 심각한 건강 문제와 학업에 대한 영향이 우려되고 있다. 병원 응급실에서도 오피오이드 중독 관련 사례가 증가하고 있어, 이에 대한 대응이 시급한 과제로 대두되고 있다.

청소년들의 오피오이드 중독의 원인은 다양하다. 처방받은 통증 완화제의 남용, 정서적 스트레스, 가정 내 문제, 또래의 압박 등이 중독으로 이어질 수 있는 주된 요인으로 작용한다. 또한, 오피오이드에 대한 오해와 부족한 인식도 이러한 문제의 한 원인으로 지적된다.

현재 사회에서는 오피오이드 중독에 대한 부족한 인식이 여전하다. 이로 인해 예방 및 대처에 어려움이 있고, 치료를 받아야 하는 청소년들이 더욱 많아지고 있다. 대중에게 오피오이드에 대한 올바른 정보와 교육이 필요하며, 사회적으로도 이에 대한 인식이 점차 높아져야 한다.

청소년 오피오이드 중독은 예방 가능한 문제이다. 학교 및 가정에서는 학생들에게 정확한 정보를 제공하고, 정신 건강 교육을 강화하여 학생들이 위험한 상황에 더 잘 대처할 수 있도록 도와야 한다. 또한 부모와 교사는 오피오이드 중독에 대한 초기 신호를 감지하고 적절한 지원을 제공하는 데 필수적인 역할을 해야 한다.

이미 중독에 빠진 청소년들에게는 전문적인 치료가 필요하다. 병원, 상담 및 지역 지원 서비스를 활용하면 중독으로부터 벗어날 수 있는 지원을 받을 수 있다.

청소년의 뇌

인간의 뇌는 대략 25세까지 발달한다. 충동성을 억제하는 전두엽이 다 발달하지 않은 10대의 뇌는 즐거움을 추구하고 강한 충동성을 가지고 있다. 또한 10대들은 어떤 행동에 대한 결과를 예측하는 능력이 떨어지기 때문에 마약과 알코올의 유혹에 특히 취약하다. 만약 어릴 때부터 약물을 사용하기 시작한다면 회복에는 몇 년이 걸릴 수 있다.

오피오이드 Q&A

오피오이드는 무엇입니까?
오피오이드는 통증 신호의 강도를 감소시키는 약물이다. 오피오이드^{opioid}라는 단어는 양귀비 식물에서 추출한 약물인 아편^{opium}에서 유래되었다. 오피오이드는 특정 처방 진통제와 헤로인을 모두 의미한다.

오피오이드는 어떻게 작용하나요?
심장 박동, 호흡과 같은 일부 신체 기능을 늦추고 이로 인해 사람이 더 큰 즐거움을 느낄 수 있게 한다. 또한 졸음, 메스꺼움, 혼란 또는 변비를 유발할 수도 있다.

오피오이드는 무엇을 위해 사용되나요?
처음에는 치과 의사나 외과 의사가 통증 완화를 위해 처방하는 아편 유사제를 사용하는 경우가 많다. 또한 청소년이나 성인에게 부상으로 인한 통증 완화를 위해 처방되는 경우도 있다.

일반적인 처방 오피오이드에는 어떤 것들이 있나요?
· 코데인: 일부 처방, 기침, 시럽 및 진통제 (예: 코데인 함유 타이레놀)
· 펜타닐: 마약성 진통제
· 하이드로코돈: Vicodin, Lortab 또는 Lorcet
· 하이드로모르폰: 딜라우디드
· 모르핀: MSContin, MSIR, Avinza 또는 Kadian
· 옥시코돈: Percocet, OxyContin 또는 Percodan
· 프로폭시펜: Darvocet 또는 Darvon

청소년은 왜 오피오이드를 오용하나요?

청소년이 오피오이드에 중독되는 이유는 다양하다. 파티를 열고 흥을 돋우거나 학업, 사회적 또는 정서적 스트레스에 대처하기 위해 사용하기도 한다.

그들은 오피오이드는 어떤 방법으로 오용하나요?

많은 알약을 가루로 분쇄하여 코로 흡입 혹은 삼키거나 주사(물에 녹인 후)하는 방법으로 사용한다. 헤로인은 주사, 코로 흡입, 흡연이 가능한 불법 오피오이드이다.

처방 약은 어디서 구하나요?

대다수의 청소년과 젊은이들이 의사, 약사에게 처방받는 것 이외에 인터넷을 통해 불법적으로 처방 약을 구한다고 한다.

부상, 사고 또는 수술로 인해 청소년에게 진통제가 필요한 경우

통증 관리가 필요한 사람들은 약물 보조 치료가 필요한 경우가 많다. 일부 사람들은 물리 치료, 마사지 등 비약리학적 치료법으로 안전하고 효과적으로 치료하기도 하고, 또는 비오피오이드 국소 약물이나 비스테로이드성 항염증제, 국소 차단제 및 비오피오이드 진통제를 쓰기도 한다. 만성 통증으로 아편 유사제 치료가 필요한 환자는 반드시 의사의 관리를 받아야 한다.

갈망과 유발 요인

갈망은 부분적으로 약물 사용과 관련된 사람, 장소 또는 사물과 같은 약물 사용에 대한 강력한 신호나 유발 요인에 대한 반응이다. 약물 자체를 보는 것, 또는 약물을 구하거나 사용하는 것과 관련된 모든 것, 심지어는 생각하는 것조차 갈망을 일으킬 수 있다.

그렇기 때문에 중독에서 회복 중인 사람은 자신이 통제할 수 있는 유발 요인을 멀리해야 한다. 가족은 건전한 대안 활동을 제공하는 데 중요한 역할이기 때문에 중독자를 도와야 한다.

오피오이드 금단 증상
오피오이드는 중추신경계에 영향을 미치는데, 이러한 영향이 갑자기 끊어지면 신체가 적응하기 어려워 금단 증상이 나타날 수 있다. 아래는 일반적인 오피오이드 금단증상에 대한 설명이다.

생리적 증상
- 근육 통증과 경직성: 신체의 근육이 긴장되고 통증을 유발한다.
- 속쓰림과 설사: 소화 기관의 활동이 증가하여 속쓰림과 설사가 발생할 수 있다.
- 냉기 감각과 땀: 추위를 느끼거나, 혹은 과도한 땀이 나는 경우가 있다.

신경학적 증상
- 불안과 흥분: 정신적인 불안과 흥분이 나타날 수 있다.
- 수면 문제: 수면의 어려움, 혹은 잠이 많이 깨는 경우가 있다.
- 신체적인 불편감: 신체적인 불편감, 떨림, 불안 등이 나타날 수 있다.

정신적 증상
- 우울감과 기분 저하: 오피오이드 금단은 우울 증상과 기분 저하를 유발할 수 있다.
- 공포와 과민 반응: 금단 시 공포와 감정적인 과민 반응이 나타날 수 있다.
- 집중력 저하: 집중력이 떨어지고 머리가 혼란스러워질 수 있다.

기타 증상
- 의욕 상실: 금단 시, 오피오이드에 대한 의존이 강하다면 주변의 일상적인 활동에 대한 관심이 상실될 수 있다.

· 구토와 식욕 감소: 음식에 대한 관심이 감소하고, 구토가 나타날 수 있다.

중요한 점은 오피오이드 금단 증상은 사용량과 기간에 따라 다를 수 있으며, 의료 전문가의 감독 아래에서 대체 약물을 사용하는 방법으로 중독에서 서서히 벗어나야 한다는 것이다. 금단 증상이 나타나면 의료 전문가와 상담하여 적절한 처방 및 관리를 받아야 한다. 오피오이드 금단 증상의 관리는 철저한 의료 지도와 함께 이루어져야 하기 때문이다.

오피오이드 의존성 치료를 위한 약물

날트렉손

날트렉손^{Naltrexone}은 주로 알코올 및 오피오이드 의존증을 다루기 위해 사용되는 의약품이다. 이는 오피오이드 수용체에 대한 경쟁적인 억제제로서 작용하여 오피오이드 의존에 따른 효과를 막는 데 사용된다.

주의해야 할 점은 날트렉손으로는 중독의 원인이 되는 심리적, 사회적인 요인들을 해결하지 못한다는 점이다. 따라서 상담 치료 등 종합적인 중독 치료 계획의 일부로 사용되어야 한다. 날트렉손의 사용은 전문가의 지도 아래에서 이루어져야 하며, 환자의 상태와 개인적인 요인에 따라 적절한 투여 방법과 용량이 결정되어야 한다.

메타돈

메타돈은 오피오이드 의존증을 치료하기 위해 사용되는 대체 요법 치료의 한 종류이다. 메타돈은 효과적인 통증 완화와 동시에 오피오이드 의존을 관리하는 데 사용된다.

메타돈은 주로 헤로인이나 옥시코돈에 대한 의존을 관리하고 중독자를 안정화시키는 데 도움이 된다. 안정화는 금단 증상을 관리하고, 일상생활로 돌아가기 위한 기간 동안 필요한 효과를 제공하는 과정이다. 메타돈은 장기간 복용되는데, 이는 중독자가 정성직인 생활로 복귀하고 삶의 다양한 측면에서 지원을 받을 수 있도록 하는 것을 목적으로 한다. 메타돈은 주로 중추신경계에 영향을 미치는데, 이 덕분에 오피오이드 의존에 따른 긴장을 완화하고, 통증을 완화할 수 있다. 메타돈 치료는 중독자가 일상생활로 복귀하고, 가족이나 사회와의 관계를 회복하는 데 도움을 주지만 날트렉손과 마찬가지로 중독의 원인이 되는 심리적, 사회적인 요인들을 해결하지는 못한다. 따라서 상담 치료 등 종합적인 중독 치료 계획의 일부로 사용되어야 한다. 메타돈 역시 의료 전문가의 지도 아래에서 이루어져야 한다.

| 활동지 예제 |

이름: _____   날짜: _____

올바른 답에 체크하세요.

1. 우연히 알약을 발견한 경우에 어떻게 해야 하나?
   알약이 예쁜 색깔을 띠었고 사탕처럼 보인다. 어떻게 해야 하는가? 안전한 최선의 선택에 대해서 설명하세요.

2. 친구 집에 갔는데 갑자기 두통이 생겼다. 그래서 친구의 엄마가 두통약을 주셨다.
   어떻게 해야 하는가? 안전한 최선의 선택에 대해서 설명하세요.

3. 병원에서 의사가 준 처방해 준 약을 먹었는데 졸음이 쏟아진다.
   어떻게 해야 하는가? 안전한 최선의 선택에 대해서 설명하세요.

4. 학원에서 나오는 길에 모르는 사람이 홍보라며 처음 보는 사탕, 젤리 혹은 음료수를 나누어 주었다.
   어떻게 해야 하는가? 안전한 최선의 선택에 대해서 설명하세요.

활동지 예제

이름: _____   날짜: _____

어떻게 해야 하는가?

Part1

올바른 답에 체크하세요.

1. 우연히 알약을 발견하면 어떻게 해야 하나요?
   - ☐ 약을 먹는다.
   - ☐ 약에 손대지 않고 부모님이나 보호자에게 이야기한다.

2. 친구 집에 갔는데 갑자기 두통이 생겼다. 그래서 친구의 엄마가 두통약을 주셨다. 이때 어떻게 해야 하나?
   - ☐ 부모님이나 보호자에게 전화해서 약을 먹어도 되는지 먼저 물어본다.
   - ☐ 약을 먹는다.

3. 병원에서 의사가 준 약을 먹었는데 졸음이 쏟아진다. 이때 어떻게 해야 하나?
   - ☐ 부모님이나 보호자에게 증상을 이야기한다.
   - ☐ 그냥 누워서 잔다.

4. 학원에서 나오는 길에 모르는 사람이 홍보라며 처음 보는 사탕, 젤리 혹은 음료수를 나누어 주었다. 이때 어떻게 해야 하나?
   - ☐ 먹지 않는다.
   - ☐ 어떤 맛인지 먹어 본다.

Part2

1. 집에서 갑자기 몸이 아프면 어떻게 해야 하나요?

2. 학교에서 갑자기 아프면 어떻게 해야 하나요?

3. 친구 집에 갔는데 갑자기 아프면 어떻게 해야 하나요?

4. 당신이 신뢰할 수 있는 어른 두 사람의 이름을 이야기해 주세요.

활동지

영향을 미치는 사람

나에게 영향을 미치는 사람	긍정적/부정적	1점 ~ 10점
1. _____	_____	_____
2. _____	_____	_____
3. _____	_____	_____
4. _____	_____	_____

내가 영향을 미치는 사람	긍정적/부정적	1점 ~ 10점
1. _____	_____	_____
2. _____	_____	_____
3. _____	_____	_____
4. _____	_____	_____

활동지

신뢰하고 있는 어른

내가 신뢰하고 있는 어른 4명의 얼굴을 그리고 이유를 설명해 주세요.

이름:

이름:

이름:

이름:

제5장

또래 압력과 의사 결정

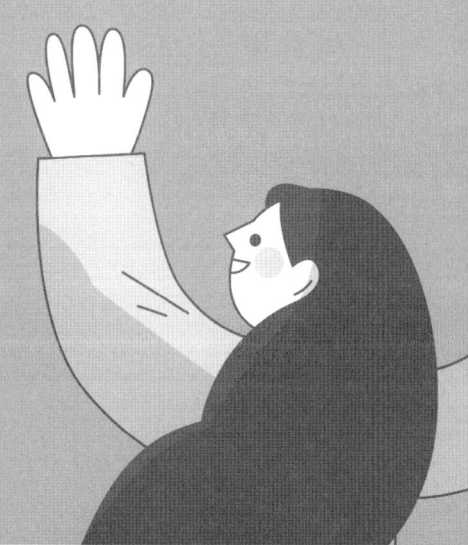

청소년기의 또래는 개인에게 다양한 영향력을 행사할 수 있으며, 이 영향력은 긍정적인 면과 부정적인 면을 모두 포함한다.

긍정적인 영향

1. 지지와 우정

또래 간의 지지와 우정은 청소년에게 긍정적인 영향을 줄 수 있다. 함께 어려움을 극복하고 성장할 수 있는 기회를 제공하며, 서로에게 도움과 격려를 주는 관계로 강화될 수 있다.

2. 학습과 지식 공유

또래들 간의 학습과 지식 공유는 서로에게 새로운 아이디어를 제공하고 풍부한 경험을 공유할 수 있는 기회를 제공한다. 학업적인 성취를 공유하고 함께 공부하는 것은 긍정적인 학습 환경을 조성할 수 있다.

3. 자아 발견과 정체성 형성

또래들 간의 상호 작용은 자아 발견과 정체성 형성에 도움을 줄 수 있다. 서로의 차이를 존중하고 받아들이면서 자신의 가치관과 특징을 발견하고 강화할 수 있다.

4. 팀워크와 리더십 개발

그룹 프로젝트나 팀 활동을 통해 팀워크와 리더십 능력을 개발할 수 있다. 함께 목표를 달성하고 문제를 해결하면서 협력과 조화를 배우게 된다.

부정적인 영향

1. 불량한 행동 모델

불량한 행동을 보이는 또래로부터 나쁜 영향을 받을 수 있다. 부정적인 모델을 따라 하면서 부적절한 행동이나 특성을 학습할 가능성이 있다.

2. 압력과 갈등

또래 간의 압력과 갈등은 부정적인 영향을 미칠 수 있다. 그룹 내에서 특정한 행동이나 생활 방식에 대한 압력이나 갈등은 스트레스와 불안을 초래할 수 있다.

3. 편견과 배타성

또래 사이에서 편견이나 배타성이 높으면, 개개인이 소외감을 느낄 수 있다. 이러한 부정적인 환경에서는 정서적 문제나 사회적 문제가 발생할 수 있다.

3. 불건전한 경쟁과 경쟁적 환경

불건전한 경쟁이나 치열한 경쟁적 환경은 청소년에게 부정적인 영향을 미칠 수 있다. 성과를 얻기 위해 다른 또래를 배제하거나 속이는 행동은 문제를 야기할 수 있기 때문이다.

또래 간의 영향은 매우 다양하며, 긍정적인 영향을 최대화하고 부정적인 영향을 최소화하기 위해서는 건강한 대인 관계와 상호 존중이 필요하다.

제1절
또래 압력

또래 압력은 동일한 연령이나 비슷한 사회적 지위에 있는 개인들 사이에서 발생하는 사회적인 압력을 나타내는 말이다. 이는 주로 학교나 직장 등에서 관찰되며, 또래 간의 상호 작용과 관계에 영향을 미친다. 또래 압력은 종종 그룹 내에서의 적절한 행동, 특정 기준에 부합하려는 욕구, 그리고 그룹 내에서의 포지션 유지를 유도하는 데 영향을 미친다.

다양한 형태의 또래 압력이 존재할 수 있지만, 주로 다음과 같은 방식으로 작용한다.

1. 사회적 규범에 대한 압력
특정 행동이나 모습이 그룹 내에서 기대되는 행동이나 모습과 일치하지 않을 경우, 그 개인은 또래들로부터 압력을 받을 수 있다. 이는 특정 규범이나 기대에 부합하려는 욕구에서 비롯된다.

2. 타당성과 인정의 추구
또래들 사이에서 타당성과 인정을 얻기 위해 노력하는 것은 흔한 경향이다. 어떤 그룹에서 특정한 특징이나 능력이 인정받는다면, 다른 개인들도 이를 따라 하는 경향이 있다.

3. 불확실성 감소

불확실성이나 두려움이 존재할 때, 또래들은 그룹 내에서의 안정성을 찾기 위해 특정한 행동이나 신호를 따르는 경향이 있다. 이는 그들이 다른 사람들과 유사하게 행동함으로써 불확실성을 감소시키려는 노력에서 비롯된다.

4. 그룹 동질성

또래들은 종종 동일한 관심사, 취향, 스타일 등을 가진 다른 또래들과 연결하려는 경향이 있다. 이는 특정한 그룹에 속해 있다는 느낌을 주고, 그룹 내에서의 적응을 촉진한다.

또래 압력은 청소년에게 긍정적인 영향을 끼칠 수 있지만, 때로는 부정적인 영향을 미칠 수도 있다. 이 부정적인 영향은 그룹 내에서의 편견이나 배타성으로 나타날 수 있으며, 개인이 자기 정체성을 유지하면서도 그룹에 속하는 데 어려움을 겪을 수 있음을 의미한다.

제2절
또래 압력과 불법 약물 사용 문제

또래 압력은 종종 불법 약물 사용과 관련하여 영향을 미칠 수 있다. 아래는 또래의 압력이 불법 약물 사용에 어떻게 작동하는지에 대한 몇 가지 예시이다.

1. 사회적 수용과 거부

특정 그룹이나 친구들 사이에서 불법 약물 사용이 흔하게 허용되거나 수용된다면, 해당 그룹에 속한 개인들은 덩달아 불법 약물을 사용할 가능성이 높아질 수 있다. 이는 불법 약물 사용이 일종의 사회적 행동으로 수용되고 허용된다는 인상을 주기 때문이다.

2. 불안과 소외감

또래들 사이에서 불법 약물 사용이 보편화되는 경우, 해당 그룹에 속하지 않는 개인은 소외감이나 불안감을 느낄 수 있다. 이에 대한 대처로 그룹에 속하기 위해 불법 약물을 사용하게 될 수 있다.

3. 신분과 자아 이미지

특정 또래 그룹에서 불법 약물 사용이 일어나는 경우, 해당 행동은 때때로 특정한 신분이나 자아 이미지를 구축하는 데 사용될 수 있다. 불법 약물 사용이 일종의 '모험'이나 '반항'의 표현으로 간주되는 경우가 있기 때문이다.

4. 사회적 수용과 모델링

또래들 사이에서 마약 사용이 일어나는 경우, 이는 마치 일종의 사회적인 행동으로 인식될 수 있다. 특히 마약을 사용하는 친구나 그룹의 존경받는 멤버가 있다면, 이는 다른 청소년들에게 마약 사용이 허용되거나 수용되는 것처럼 보일 수 있다.

5. 그룹 신분의 형성

일부 청소년은 마약 사용을 통해 그룹 내에서 자신의 신분을 형성하려는 경향이 있다. 마약 사용이 그룹 내에서 일종의 '클럽 멤버십'이라고 인식되면, 이에 참여하려는 압력이 높아질 수 있다.

6. 관련 문화와 미디어 영향

음악, 영화, 소셜 미디어 등을 통해 특정한 문화에서 마약 사용이 긍정적으로 나타날 경우, 청소년들은 해당 문화의 영향을 받아 마약 사용에 긍정적인 태도를 가질 수 있다.

또래 압력이 마약 사용에 영향을 미치는 경우, 청소년들은 자신의 가치관과 건강에 대한 이해를 향상시키고, 건강한 대인 관계를 구축하여 부정적인 영향을 최소화할 필요가 있다. 학교, 가족, 사회에서 마약 예방 및 교육 프로그램에 참여하고, 도움을 청하는 것이 중요할 것이다.

제3절
또래 압력에 대한 저항

또래 압력에 저항하기 위해서는 자신의 가치와 목표를 이해하고, 그에 따라 건강하고 긍정적인 결정을 내리는 것이 중요하다. 아래는 또래 압력에 저항하기 위한 몇 가지 전략이다.

1. 자기 가치와 목표의 확립
자신의 가치관과 목표를 정의하고 이를 지키는 것이 중요하다. 어떤 그룹에서나 또래들 사이에서 발생하는 압력에도 빠르게 휩쓸리지 않도록 자신을 잘 이해하고 향후에 대한 목표를 가져야 한다.

2. 건강한 친구 관계 구축
또래 압력을 받을 때 친구들과의 건강한 관계가 중요하다. 서로를 존중하고 서로의 목표와 가치를 지지해 주는 친구들은 또래 압력을 줄이는 데 도움이 된다.

3. 의사 결정 능력 강화
또래 압력을 받을 때, 감정적인 반응이나 행동을 즉각적으로 하기보다는, 조금의 여유를 가지고 의사 결정을 내리는 능력을 키워야 한다. 이를 통해 잘못된 결정을 피하고, 자신의 목표에 부합하는 선택을 할 수 있어야 한다.

4. 대인 소통 기술 향상
다른 사람과의 대화 및 소통 능력을 향상시키는 것이 중요하다. 자신의 의견을 표현하고 다른 사람의 의견을 이해하는 능력은 또래 압력에 대처하는 데 도움이 된다.

5. 도움을 청하고 지원 받기

또래 압력에 처했을 때는 가족, 친구, 선생님 등에게 도움을 청하고 상담을 받는 것이 중요하다. 불안이나 압박을 느낄 때 도움을 청하는 것은 강하고 건강한 선택이다.

또래 압력에 저항하기 위해서는 자기 이해, 강한 의지, 건강한 인간관계, 그리고 적절한 지원이 필요하다. 이러한 전략을 잘 활용한다면 자신을 보호하고 긍정적인 방향으로 나아갈 수 있을 것이다. 또래 친구들 앞에서 체면을 구기지 않고 부모와 함께 사용할 수 있는 '구제' 암호 문구를 마련하는 것도 좋은 방법이다. 예를 들어, 술을 마셔야 한다는 압박감을 느끼는 또래 모임에 있을 때, 집으로 전화를 걸어 "나를 데리러 올 수 있나요? 귀가 심하게 아파요."라고 말하는 식이다.

또한 "안 돼."라고 편안하게 말하는 법을 배워야 한다. 좋은 친구에게는 거절에 대해 설명이나 사과를 할 필요가 없다. 그러나 술이나 담배를 거절할 때처럼 핑계가 필요하다고 느끼는 순간이 있다면 부담 없이 사용할 수 있는 거절의 말을 미리 생각해 두는 것도 좋은 방법이다. "아냐, 괜찮아. 다음 주에 태권도 레벨 테스트가 있어서 훈련 중이야."라고 말하거나 "말도 안 돼, 삼촌이 얼마 전 간경화로 돌아가셔서 나는 술을 쳐다보지도 않아."라고 말할 수 있어야 한다.

정신적 지지가 필요할 때 목소리를 높여 줄 친구를 가까이 하고, 같은 방식으로 친구를 위해 목소리를 내야 한다. 상황이 옳지 않다고 말하는 작은 목소리라도 있다면 다른 사람들도 그것을 들을 가능성이 있다. 또래의 압력에 맞서 당신 편에 서 있는 사람이 한 사람만 있어도 두 사람 모두 저항하기가 훨씬 쉬워진다.

6. 부모를 탓한다.

"농담해? 엄마가 알면 날 죽일 거야. 엄마의 스파이는 어디에나 있어."

상황이 위험해 보이면 주저하지 말고 어른의 도움을 받아야 한다. 또래의 부정적인 압력에 저항하는 것이 항상 쉬운 일은 아니지만, 이때 굴하지 않고 저항한다면 나중에 스스로 잘했다는 생각이 들게 될 것이다. 그리고 가까운 친구들에게도 긍정적인 영향을 미칠 수도 있다. 상황을 바꾸기 위해서는 한 사람이 목소리를 내거나 다른 행동을 취하는 것만으로도 충분하다. 다른 것을 할 용기가 있거나 그룹에 동참하기를 거부한다면 주변에 있는 친구들도 따를 수 있다. 자신을 리더라고 생각하고, 자신에게 변화를 일으킬 수 있는 잠재력이 있다는 사실을 알아야 한다.

제4절
또래 압력에 저항하기 위한 전략

또래 압력에 저항하는 능력을 향상시키기 위해 사용할 수 있는 전략은 다양하다. 아래는 또래 압력에 저항하는 데 도움이 되는 몇 가지 전략이다.

1. 자기 자신을 알고 이해하기

자신의 가치관, 목표, 편안함과 불편함을 인식하고 이해하는 것은 또래 압력에 대처하는 데 중요하다. 자기 자신을 이해하면 다른 사람의 의견에 영향을 받지 않고 결정을 내릴 수 있는 힘이 생긴다.

2. 건강한 대안 활동

유익하고 건강한 활동에 시간을 쏟는 것은 불법 약물 사용을 대신할 수 있는 좋은 방법이다. 스포츠, 예술, 음악, 클럽, 봉사 활동 등의 활동을 찾아본다.

3. 대화와 의사소통

가족, 친구, 선생님 등과 열린 대화를 나누고 감정과 경험을 공유한다. 다른 사람과 솔직하게 이야기하면 또래 압력에 대한 지원을 받을 수 있다.

4. 대인 관계 관리

건강한 대인 관계를 유지하고, 부정적인 영향을 미치는 관계를 피하는 것이 중요하다. 긍정적인 친구와 관계를 유지하면 또래 압력을 줄일 수 있다.

5. 정보와 교육

불법 약물의 위험성을 이해하고, 그에 대한 정보를 습득한다. 이러한 정보를 통해 불법 약물 사용의 위험을 인식하면 자신의 결정에 근거로 내세울 수 있다.

6. "아니"라고 말하기

불법 약물 사용을 제안하는 또래에 대해 단호하게 "아니"라고 말하는 연습을 한다. 상황에서 결단력 있게 거부하는 것은 중요하다.

7. 예방 계획

불법 약물 사용의 가능성을 예방하기 위한 계획을 세우고, 어떻게 대처할지 고려한다. 예를 들어, 어떻게 불편한 상황을 피할지 미리 계획해 두는 것이다.

8. 전문가 지원

또래 압력에 대처하기 어려운 경우, 상담사나 전문가와의 상담을 고려한다. 전문가는 자신의 상황을 평가하고, 더 나은 결정을 내릴 수 있도록 도와줄 수 있다.

또래 압력에 저항하는 능력을 향상시키려면 자기 자신을 알고, 건강한 대안 활동을 추구하며, 대화와 의사소통을 강화하는 것이 중요하다. 이러한 전략은 자신을 보호하고 건강한 결정을 내릴 수 있도록 돕는 데 도움이 될 것이다.

제5절
또래 압력을 거절하기 위한 실제 기술

또래 압력을 거절하는 데 도움이 될 수 있는 실제적인 기술은 다음과 같다.

1. 단호하게 "아니"라고 말하기

불법 약물 사용을 제안하는 또래에게 단호하게 "아니."라고 말하는 것이 중요하다. 불편하다고 느낄 수 있지만, 두려움 없이 거절하는 연습을 한다.

2. 이유 설명

또래에게 단호한 "아니"를 전달할 때, 이유를 설명하는 것이 도움이 된다. 예를 들어, "나는 내 건강을 중요하게 생각하기 때문에 불법 약물을 사용하고 싶지 않아."와 같이 자신의 생각이 담긴 이유를 표현한다.

3. 대안 제시

불법 약물 사용을 거절하면서 대안을 제시하는 것이 좋다. 다른 건강한 활동이나 모임에 참여하거나, 또래들과 함께 시간을 보낼 수 있는 대안을 제시한다.

4. 자기표현 연습

거절을 표현하는 법을 연습하고 자신을 표현하는 방법을 강화한다. 연습은 자신감을 키우는 데 도움이 된다.

5. 팀업

친구나 자신과 동일한 생각을 가지고 있는 사람들과 함께 팀을 이루어 불법 약물 사용을 거절하고 자신의 결정을 지지받을 수 있도록 한다.

6. 위험 예방 계획

불법 약물을 사용하는 상황을 미리 상상하고, 어떻게 대처할 것인지 계획한다. 예를 들어, "만약 또래가 불법 약물을 제안하면 어떻게 대처할 것인가?"를 생각하는 것이다.

7. 자신의 가치와 목표 강조

자신의 가치와 목표를 상기시키고, 이러한 가치와 목표가 불법 약물 사용보다 중요하다는 것을 강조한다.

8. 필요한 경우 성인에게 도움 요청

또래 압력을 거절하기 어려운 경우, 성인(부모, 교사, 상담사)에게 도움을 요청한다.

또래 압력을 거절하는 것은 스스로를 보호하고 건강한 결정을 내릴 수 있도록 돕는 중요한 기술이다. 이러한 기술을 연습하고, 자신의 결정을 지지하고 지키기 위해 노력하는 것이 중요하다.

활동지(역할극 1)

제목: '아니'라고 말하기

캐릭터:
영수 (주인공)
지훈 (또래 친구)

상황: 지훈이 영수에게 불법 약물 사용을 권유하는 상황에서, 영수가 단호하게 "아니"라고 말하는 대본이다.

지훈: "영수야, 불법 약물 사용 좀 해 봐. 정말 재미있어."

영수: (단호하게) "아니, 지훈아, 나는 그런 걸 원하지 않아."

지훈: "왜? 다른 사람들도 다 한다고. 너는 좋은 기회를 놓치고 있어."

영수: "내 건강과 안전을 중요하게 생각해. 불법 약물 사용은 건강에 해로울 수 있어."

지훈: "하지만 다른 친구들도 한다고 했어. 너 혼자 외톨이가 되는 거 아니야?"

영수: "다른 사람들의 선택은 그들의 문제야. 나는 나 자신을 소중히 생각하고, 불법 약물 사용은 내게 어울리지 않다고 생각해."

지훈: "알겠어, 이해해. 그럼 다른 걸로 놀아 보자."

활동지(역할극 2)

제목: 또래 압력에 대처하기

캐릭터:
영수 (또래 친구)
지훈 (주인공)

상황: 영수가 지훈에게 불법 약물 사용을 권유하는 상황.

영수: (불법 약물을 제안하며) "지훈아, 오늘 밤 같이 불법 약물 한번 시도해 보는 건 어때?"

지훈: (단호하게) "아니, 영수야. 나는 그런 걸 원치 않아."

영수: "왜? 재미있을 텐데."

지훈: "나는 내 건강을 소중히 생각해. 불법 약물 사용은 나에게 해로울 수 있어. 그리고 나는 다른 건강한 대안을 찾고 싶어."

영수: "하지만 다른 친구들도 한다고 했어. 너만 안 하는 거야."

지훈: "다른 사람들의 결정은 나와 다를 수 있어. 그들이 선택한 건 그들의 문제고, 나는 내 결정을 지키려고 노력하고 있어."

영수: "알았어, 그러면 너의 결정을 존중하지. 다른 걸 하러 가자."

활동지(역할극 3)

제목: 또래 압력에 대처하기

캐릭터:

지훈 (주인공)

선영 (또래 친구)

상황: 선영이 지훈에게 불법 약물 사용을 권유하는 상황. 지훈이가 또래 압력에 대처하는 방법을 연습.

지훈: "선영아, 나는 불법 약물 사용을 원하지 않아."

선영: "왜 그래? 모두 다 한다고."

지훈: "내 건강과 안전을 중요하게 생각해. 불법 약물은 건강에 해로울 수 있어. 그리고 나는 다른 활동을 즐기는 방법을 찾고 싶어."

선영: "이런 건 한번 해 봐야 알지 않아? 재미있을 거야."

지훈: "나는 그걸 통해 놀라운 경험을 얻을 필요가 없다고 생각해. 나는 다른 걸 찾을 거야."

선영: "하지만 다른 사람들도 다 한다고, 너 왕따 되는 거 아니야?"

지훈: "다른 사람들이 선택한 건 그들의 문제야. 나는 내가 편안하고 건강한 결정을 내리려고 노력하고 있어."

선영: "알겠어, 그러면 다른 걸로 해 볼까?"

제6절
정보에 입각한 의사 결정

청소년이 의사 결정을 하는 데 약물의 위험과 이점을 고려할 수 있는 체크 리스트를 사용하면 약물 사용에 대한 결정을 내릴 때 고려해야 할 요소를 확인할 수 있다.

약물 사용 결정 평가 체크 리스트

나의 목표:
1. 나는 왜 이 약물을 사용하려고 하는가?
☐ 5점: 명확한 목표와 긍정적인 동기가 있다.
☐ 3점: 목표가 명확하지만 동기가 조금 약하다.
☐ 1점: 목표가 불명확하거나 부정적인 동기만 있다.

약물의 종류:
2. 이 약물의 이름과 효과를 알고 있는가?
☐ 5점: 약물에 대한 상세한 정보를 알고 있다.
☐ 3점: 약물에 대한 일반적인 정보만 알고 있다.
☐ 1점: 약물에 대한 정보를 알지 못한다.

약물의 위험:
3. 이 약물을 사용하면 어떤 위험을 감수해야 하는가?
☐ 5점: 약물의 위험에 대해 잘 이해하고 대비책을 가지고 있다.

☐ 3점: 약물의 위험을 대략적으로 이해하고 대비책을 갖고 있다.

☐ 1점: 약물의 위험을 이해하지 못하거나 대비책이 없다.

법적 책임:

4. 이 약물의 사용은 법적으로 허용되는가?

☐ 5점: 약물 사용이 합법적이며 법률을 준수한다.

☐ 3점: 약물 사용에 대한 법적 상태가 모호하거나 불확실하다.

☐ 1점: 약물 사용이 불법이거나 불확실하다.

약물 중독 가능성:

5. 이 약물은 중독 가능성이 있는가?

☐ 5점: 약물 중독 가능성에 대해 잘 알고 있으며 대비책이 있다.

☐ 3점: 약물 중독 가능성을 대략적으로 이해하고 대비책을 갖고 있다.

☐ 1점: 약물 중독 가능성을 이해하지 못하거나 대비책이 없다.

사회적 관계:

6. 약물 사용은 나의 사회적 관계에 어떤 영향을 미칠 수 있는가?

☐ 5점: 약물 사용이 사회적 관계에 부정적인 영향을 미치지 않는다.

☐ 3점: 약물 사용이 사회적 관계에 미치는 영향이 일부 부정적일 수 있다.

☐ 1점: 약물 사용이 사회적 관계에 매우 부정적인 영향을 미칠 수 있다.

대안 활동:

7. 약물 사용 대신 다른 건강한 활동이나 취미가 있는가?

☐ 5점: 다른 건강한 대안 활동을 찾았으며 활발하게 참여하고 있다.

☐ 3점: 다른 대안 활동을 고려 중이지만 아직 시도하지 않았다.

☐ 1점: 대안 활동을 찾지 않았거나 관심이 없다.

의사의 조언:

8. 약물 사용에 대해 의사나 상담사의 조언을 얻었는가?

☐ 5점: 의사나 상담사의 조언을 듣고 결정에 반영하였다.

☐ 3섬: 의사나 상담사의 조언을 고려 중이지만 아직 결정하지 않았다.

☐ 1점: 전문가의 의견을 듣지 않았다.

자기 존중감과 가치관:

9. 자신을 어떻게 평가하고 소중히 여기는가?

☐ 5점: 자기 존중과 가치관을 중요하게 생각하며 자신에게 긍정적으로 평가한다.

☐ 3점: 자기 존중과 가치관을 고려하지만 자신에 대한 평가가 변할 수 있다.

☐ 1점: 자기 존중과 가치관을 중요하게 생각하지 않거나 부정적으로 평가한다.

다른 사람의 이야기:

10. 다른 사람들의 약물 사용 이야기를 듣고 어떻게 영향을 받는가?

☐ 5점: 다른 사람들의 경험을 고려하며 현명한 결정을 내릴 수 있다.

☐ 3점: 다른 사람들의 경험을 듣고 고려하지만 결정이 아직 확실하지 않다.

☐ 1점: 다른 사람들의 경험에 대한 고려가 없거나 결정에 영향을 주지 않는다.

총점:

45-50점: 안전하고 신중한 결정을 내리고 있음.

30-44점: 결정을 더 신중하게 검토해야 할 필요가 있음.

10-29점: 결정이 불안전하거나 위험할 수 있음.

제6장

약물 중독의 신경 생리학적 이해

제1절
마약류 약물이 신체에 미치는 영향

마약류 약물이 신체에 미치는 영향은 다양하며, 종류와 용량에 따라서도 그 영향이 다르다. 마약류 약물은 중추신경에 직접적으로 작용하는데, 이는 신체와 정신 건강에 다양한 영향을 미치게 된다. 마약류 약물의 주요 신체 영향을 설명하면 아래와 같다.

1. 심신적 영향
마약류 약물은 중추신경계에 영향을 미치며, 이로 인해 중독, 욕구 증가, 흥분, 환각, 불안, 우울 및 파괴적 행동과 같은 다양한 정신적 증상을 유발할 수 있다.

2. 신체 건강 영향
마약류 약물의 신체적 영향은 약물 종류에 따라 다르게 나타난다. 예를 들어, 헤로인과 옥시코돈과 같은 약물은 호흡 억제를 일으킬 수 있어 심각한 호흡 문제로 이어질 수 있다. 혈관 수축, 심근 경색, 고혈압, 중독, 간 손상, 피부 질환은 흔히 발생한다.

3. 감각과 인지 변화
마약류 약물은 감각과 인지 능력에 변화를 일으킬 수 있으며 이로 인해 현실 감각의 왜곡, 판단 능력의 하락, 집중력 저하, 기억력 문제 등이 발생할 수 있다.

4. 중독과 생리적 의존
마약류 약물의 지속적인 사용은 신체의 생리적 의존을 유발할 수 있다. 이는 마약을 중단하면 생기는 신체적 증상과 더불어, 마약을 얻기 위한 강한 욕구와 중독을 유발할 수 있다.

5. 감염과 건강 위험

마약류 약물의 사용과 관련된 건강 위험으로는 여러 사람과 같은 주사기를 사용하여 발생하는 신종 감염병 전파(예: HIV 및 B형 간염), 약물과 관련된 신체 손상, 범죄 및 재난, 사고의 위험 등이 있다.

6. 정신 건강 문제

마약류 약물은 정신 건강에도 영향을 미칠 수 있으며, 우울증, 불안 장애, 정신 분열병, 정신병, 그리고 자살 충동과 같은 정신 질환을 악화시킬 수 있다.

7. 사회적 문제

마약류 약물의 남용은 신체적 문제 외에도 정신 건강의 위험, 중독, 교육, 직업, 가족 및 사회관계에도 부정적인 영향을 미칠 수 있으며, 경제적 어려움과 법적 문제를 초래할 수 있다. 따라서 마약류 약물 사용은 신중하게 고려하고, 만약 중독되었다면 예방 및 치료를 위한 도움을 찾는 것이 중요하다.

제2절
각성제·진정제·환각제의 구분과 각각의 효과

각성제, 진정제, 환각제는 다양한 약물 그룹으로, 각각의 목적과 효과가 다르다. 이러한 약물 그룹을 구별하고 각각의 효과를 설명하면 다음과 같다.

1. 각성제 Stimulants

각성제는 중추신경계를 자극하고 흥분 및 각성을 증가시키는 약물이다. 주요 각성제로는 카페인, 암페타민, 메틸페니데이트(리탈린), 코카인 등이 있다. 각성제의 효과는 높은 경계감, 에너지, 능률성, 경주와 활동의 증가, 그리고 각성과 흥분이다. 그러나 과도한 사용은 불안, 불면증, 심장 및 혈압 문제, 중독 등을 초래할 수 있다.

2. 진정제 Depressants

진정제는 중추신경계를 억제하고 진정, 수면, 근육 이완을 촉진하는 약물이다. 주요 진정제로는 알코올, 벤조디아제핀, 바르비탈 등이 있다. 진정제의 효과는 편안함, 감소된 불안, 근육 이완, 수면 촉진, 그리고 진정이다. 그러나 과도한 사용은 중독, 심호흡, 신경 및 정신 문제, 사망 위험 등을 초래할 수 있다.

3. 환각제 Hallucinogens

환각제는 감각과 인식을 왜곡시키고 환각, 환상, 그리고 심리적 변화를 유발하는 약물이다. 주요 환각제로는 대마(마리화나), LSD, 페니실린, 케타민 등이 있다. 환각제의 효과는 시각적 및 청각적 환각, 감각과 시간의 왜곡, 창의성 촉진, 현실에서 떨어짐 등이다. 환각제를 과도하게 사용하면 혼란, 불안, 패닉 공격, 정신 건강 문제 등을 초래할 수 있다.

　이러한 약물 그룹은 사용 용도와 효과에 따라 다르며, 과도한 사용은 건강 문제와 법적 문제를 초래할 수 있다. 마약류 약물 사용은 합법성, 안전성 및 규제를 고려하고 신중하게 접근해야 한다.

활동지

약물이 우리에게 신체적, 정신적으로 끼칠 수 있는 부정적 영향에 대해 생각나는 대로 적어 보세요.

1. (예시) 약물을 사용한 후에는 파괴적 행동과 같은 정신적 증상을 유발할 수 있다.

2.

3.

4.

5.

6.

7.

8.

9.

10.

제3절
중독이란 무엇인가?

신경 과학이 충분히 발달하기 전 우리는 중독을 설명할 때 생물학적 이해보다는 추상적 개념들로 이해했다. 1899년 지그문트 프로이트가 설명한 이드와 자아, 초자아의 개념과 같은 추상화된 정신의학적 개념을 도입하여 설명하거나 심지어는 무속적, 미신적 설명으로 중독 현상에 악마의 역할을 집어넣기도 했다. 하지만 생리학이 발전하면서 중독에 대한 연구도 과학을 토대로 보다 발전해 왔다. 중독이란 더 이상 선과 악의 싸움이 아니라 약물 혹은 반복된 특정 행위가 신경 화학적으로 뇌에 작용하여 생리적 변형을 초래하고, 신체적 의존과 심리적 집착을 일으키는 것으로 설명이 가능해진 것이다.

중독의 정의

중독은 뇌의 보상, 동기 부여, 기억과 관련된 신경 회로에서 발생하는 주요 만성 질병이다. 이 신경 회로의 기능 장애는 생물학적, 심리적, 사회적 그리고 정신적인 징후를 나타나게 한다. 또한 물질 사용과 다른 행동에 의한 보상을 추구하는 형태로 나타난다. 중독은 행위, 욕구, 행동 조절을 어렵게 하고 대인 관계에서의 중요 문제에 대한 인식을 감소시키며 역기능적 감정 반응으로 특징지어진다. 다른 만성 질병과 마찬가지로 중독은 보통 증상 완화와 재발이 반복적으로 나타난다. 만약 치료나 회복 활동이 없으면 계속 진행되며, 장애나 조기 사망을 초래할 수 있다.

약물이 뇌로 전달되는 과정

약물이 뇌까지 전달되는 데는 전달 경로, 전달 속도, 대사율, 신경세포와 근접한 정도에 따라 달라진다. 약물을 사용하는 방법은 흡연(연기나 수증기), 주사, 경구 섭취, 코 흡입, 패치 사용 등 5가지 방법이 있으며, 약물에 따라 사용 방법을 달리한다. 약물이 뇌까지 전달되는 속도는 흡연이 7초~10초로 가장 빠르며, 혈관 주사가 15초~30초, 근육이나 피하 주사가 3분~5분, 코 흡입이 15분~20분, 경구 섭취가 20분~30분, 피부에 붙이는 패치는 1일~2일 정도 걸린다.

약물이 인체에 미치는 영향

어떤 방법을 사용하든 신체에 들어온 약물은 혈액을 타고 온몸으로 퍼져 나가게 된다. 퍼져 나가는 속도와 미치는 영향은 약물의 종류, 사용 방법뿐만 아니라 개인의 혈액의 양과도 관련이 있는데, 나이가 어리고 체구가 작을수록 혈액의 양도 적기 때문에 같은 양의 약물을 사용하더라도 나이가 어리고 체구가 작은 사람이 나이가 많고 체구가 큰 사람에 비해 증상이 강하게 나타난다. 어떤 약물이든, 약물이 일단 혈액 속으로 들어가면 10초~15초 사이에 중추신경에 도달하고, 혈관을 타고 간, 신장 등의 다른 장기에도 영향을 미친다.

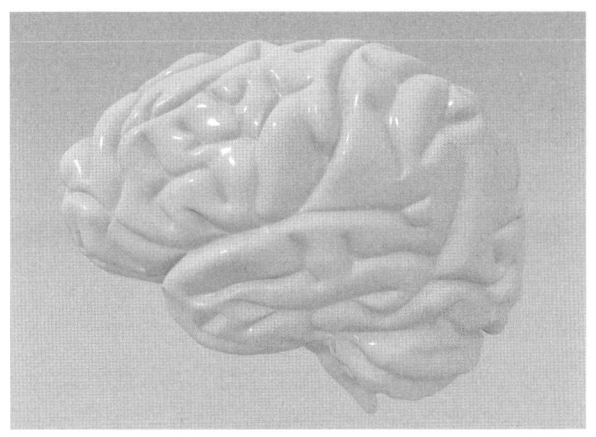

뇌혈관의 기능과 약물의 이동

 뇌혈관을 싸고 있는 상피 세포는 특별한 혈액뇌관문$^{Blood\ brain\ barrier}$이 장벽을 만들어 물이나 이산화탄소, 산소 등 두뇌 활동에 필요한 물질은 뇌혈관을 쉽게 통과할 수 있도록 하는 반면, 바이러스나 박테리아 등의 해로운 물질은 뇌혈관 밖으로 나와 뇌의 신경세포로 전달되지 못하도록 하여 두뇌를 보호한다. 하지만 뇌에는 지방이 많고 뇌혈관의 장벽 역시 지용성 물질에 친화적이라 지용성인 알코올, 니코틴, 헤로인, 코카인, 양귀비 등의 모든 마약류가 이 장벽을 쉽게 통과할 수 있다. 혈액뇌관문은 대개 1세~2세 때 형성되기 때문에 임신 중 혹은 수유 중인 여성이 니코틴 등의 약물을 사용하면 태아에게 혈액을 통해 독성이 그대로 전달되기 때문에 치명적인 결과를 초래할 수 있다. 뇌혈관을 통과한 약물은 뇌와 척수에 존재하는 성상교세포^{Astrocyte}에 의해 뉴런으로 이동하여 신경 전달 물질로 작용한다. 성상교세포는 뇌혈관과 신경세포를 연결하여 물질을 이동시키는 통로 역할을 한다. 이렇게 들어온 약물은 그 종류에 따라 수 시간에서 수십 시간 동안 혈액 속을 돌아다니며 뇌와 장기에 영향을 미친 뒤, 간의 대사를 통해 독성이 약화되고 신장을 통해 체외로 배출된다. 대사와 배출이 이루어지는 속도는 연령, 인종, 성별, 유전, 건강 상태, 다른 약물의 사용 여부 등에 따라 다르게 나타난다.

제4절
신경계의 구조와 기능

중추신경과 말초신경

인간의 몸에는 대략 1억 개의 신경세포가 있다. 그중 반은 뇌와 척수를 구성하는 중추신경, 나머지 반은 운동신경과 자율신경을 구성하는 말초신경으로 구분한다. 말초신경은 앞서 말했듯 자율신경과 운동신경으로 구성되는데, 자율신경은 우리의 호흡, 땀, 맥박, 소화 등 우리가 의식하지 않아도 몸속의 기관들이 스스로 역할을 하도록 기능하는 신경이다. 운동신경은 중추신경으로부터 전달된 정보를 근육과 관절, 피부 곳곳에 전달하여 우리의 몸이 환경에 적절히 반응하도록 하는 기능을 한다. 중추신경은 두뇌와 척수로 구성되며, 말초신경으로부터 정보를 받기도 하고 보내기도 하면서 기억, 생각, 조정의 기능을 한다. 모든 상황에 적절히 대응하도록 하는 중앙 통제 시스템과 같은 곳이다.

하지만 마약이나 향정신성 약물은 외부 환경에서 두뇌로 보내는 정보를 바꿀 수 있다. 반대로 두뇌에서 각 신체 기관으로 보내는 정보를 왜곡할 수도 있다. 약물은 신체 기관에 직접적으로 영향을 미칠 수도 있지만 두뇌를 거쳐 간접적인 영향을 주기도 한다. 예를 들어, 알코올의 경우 위장이나 간을 직접적으로 손상시키기도 하지만 뇌와 척수를 통해 호흡을 느리게 하거나 감각을 왜곡시켜 신체 기능에 간접적 손상을 초래하기도 한다.

뉴런과 시냅스

뉴런은 신경계를 이루는 구조적, 기능적인 기본 단위이며 뉴런을 통해 전기적, 화학적 신호가 전달되고 뉴런의 연합적 활동으로 감각, 운동, 사고 등의 복잡한 생명 활동이 이루어지는 것이다. 뉴런은 핵과 가지돌기^{Dendrite}, 축삭돌기$^{Axon\ fiber}$로 구성되고 시냅스^{Synapse}를 통해 서로 신호를 전달한다. 신경세포 말단$^{Axon\ tips}$과 신호를 전달받는 다음 뉴런의 가지돌기^{Dendrite} 사이에는 시냅스^{Synapse}라고 하는 수십(15nm~50nm) 나노미터의 빈 공간이 있으며, 다른 뉴런의 수용기^{Receptor}로 화학적, 전기적 신호를 전달할 수 있도록 수천 개에서 약 150,000개의 송신기^{Sender}를 가지고 있다. 시냅스를 통해 전달되는 신경 전달 물질은 약 200여 종류가 밝혀졌으며 아직 밝혀지지 않은 것도 많다.

구뇌$^{Old\ brain}$와 신뇌$^{New\ brain}$

인간의 뇌를 구분하는 방법에는 해부학적인 구분과 기능적 구분 그리고 위치에 의한 구분이 있으며, 진화의 관점에서 구뇌와 신뇌로 구분하기도 한다. 구뇌는 생존에 필요한 기초적이고 원시적인 기능을 제공하는 곳으로, 척수와 소뇌 그리고 우리의 감정을 주관하는 변연계$^{Limbic\ system}$를 포함한다. 구뇌는 호흡, 맥박, 체온 유지, 근육 활동, 호르몬 조절과 같은 신체 기능을 유지하고, 분노, 공포, 배고픔, 즐거움 등의 기본적 감정을 경험하면서 생존에 필요한 기억들을 저장한다. 이 기억들

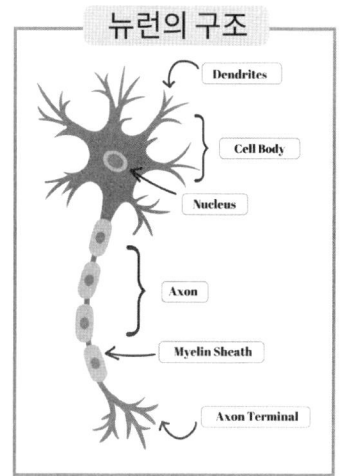

은 생존을 위한 '작동 스위치'로 기능하면서 수분이 부족할 때는 갈증을 유발시키는 스위치로, 음식이 필요할 때는 식욕을 느끼도록 하는 스위치로, 위험한 상황을 감지하면 신체가 피하도록 하는 스위치로 작동하여 생명을 유지시킨다. 마약과 향정신성 약물은 주로 이 구뇌에 들어가 강력하고 끊임없는 약물에 대한 갈증을 유발하여 중독에 이르게 하며, 다른 필요한 생존 메커니즘을 파괴시킨다.

신뇌는 언어와 이성, 창조성, 기억에 의한 행위를 유발하고 통제하는 영역으로, 대뇌와 대뇌 피질이 여기에 속한다. 신뇌는 우리 몸에 '제어 스위치'의 역할을 하면서

구뇌의 '작동 스위치'가 과도하게 작동하지 않도록 제어하는 역할을 한다. 예를 들어 몸에 영양분이 필요할 때 구뇌가 '작동 스위치'를 켜서 식욕을 자극한다면 신뇌는 식욕이 지나쳐 과식하지 않도록 '제어 스위치'를 켜서 이를 조절하는 원리이다. 구뇌의 반응 속도는 신뇌보다 4배 빠른 것으로 알려져 있다. 구뇌와 신뇌는 신체의 건강을 위해 서로 적절히 협력하며 조화로운 상태를 유지하지만 마약이나 향정신성 약물을 사용하게 되면, 이 2개의 기능은 서로 대치하며 전쟁의 상황으로 바뀌게 되고 결국 '제어 스위치'가 제 기능을 못하게 되는 쪽으로 결론 나게 된다.

기억의 메커니즘

기억은 인간이 배우고, 행동하고 반응하도록 하면서 생존을 이끈다. 기억에는 의식적 수준과 무의식적 수준의 기억이 있으며, 많은 기억들이 신경세포의 수상돌기라고 불리는 곳에 단백질 형태로 단단히 붙어 평생 동안 남아 있다. 중추신경에는 약 1억 개의 신경세포^{Neuron}가 있으며 하나의 뉴런에는 1개에서 10,000개까지의 가지돌기^{Dendrite}가 있고, 하나의 수상돌기에는 50개까지의 수상세포가지$^{Dendritic\ spines}$가 있다. 우리 뇌에 약 1조 개의 기억 장소가 있는 셈이다. 그리고 각각의 기억은 서로 연결되어 다른 조합으로 일을 한다. 특히, 다른 기억이 해마에서 만들어져 신경세포에 전달되는 것과 달리 쾌락, 두려움, 공포와 같은 감정은 감각 기관에서 편도체^{Amygdala}로 들어와 훨씬 더 크고 단단하게 뉴런의 가지돌기^{Dendrite}에 달라붙어 감정 기억을 만들어 낸다. 중독은 바로 이 감정 기억의 결과로 나타나는 것이다. 쾌락, 두려움, 공포 등의 감정이 반복될 때마다 뉴런의 기억돌기도 점점 더 커지면서 기억돌기의 지배력이 커지게 된다. 쾌락의 경험은 고통의 경험보다 더 빠르고 강하게 기억된다. 약물이 주는 쾌락이 부작용에서 오는 고통보다 훨씬 강하게 남아 있기 때문에 약물 중독에 빠지고, 도박으로 돈을 10번 잃고도 1번 딴 기억 때문에 도박 중독에 빠져들며, 부모에게 꾸중을 듣고 일상에 수많은 피해를 겪으면서도 게임이 주는 짧은 시간의 쾌락 경험을 잊지 못해 게임 중독에 빠져들게 되는 것이다.

기억과 보상회로

우리의 뇌는 생존을 위한 필수 조건으로 기억을 통한 보상회로$^{Reward\ circuit}$를 작동시킨다. 먹고, 마시고, 성행위를 통해 필요와 욕구, 만족의 사이클을 반복하는 것이다. 하지만 이러한 보상 사이클은 약물이나 행위 중독에 있어서도 동일하게 작용한다. 스트레스와 약물 사용 욕구, 만족감 사이에서 사이클이 만들어지고 점차 강화되는 것이다. 강화를 통해 약물이나 행위를 반복하게 하는 보상 사이클은 중격측좌핵$^{Nucleus\ Accumbens}$에서 담당하는데, 쥐를 통한 실험에서 중격측좌핵^{NAc}을 자극하는 스위치를 누를 수 있도록 하자 실험 쥐는 아무것도 먹지 않고 죽을 때까지 시간당 5,000회 이상 스위치를 누르는 행동을 보여 주기도 하였다.

작동 스위치와 제어 스위치

번연계 복측피개영역^{VTA}에는 도파민의 분비를 촉진시키는 일종의 '작동 스위치'가 있어 생존에 필요한 식욕이나 성욕 등을 생겨나게 하고, 고통을 느낄 때 이를 경감시키는 역할도 한다. 그리고 복측피개영역의 '작동 스위치'는 만족스러운 결과가 나올 때까지 작동을 반복한다. 만족이라는 결과를 얻고 나면 '작동 스위치'는 꺼지고 안와전두엽 피질에서 신경 전달 물질인 글루타메이트^{Glutamate}를 VTA와 중격측좌핵^{NAc}의 신경세포로 보내 도파민의 분비를 억제하도록 한다. 이는 뇌의 항상성을 유지시키는 과정이다. 하지만 마약과 향정신성 약물의 성분들은 이 2개의 기능이 적절히 활동하지 못하도록 신경세포에 직접적인 공격을 가한다. 신경세포에 더 많은 도파민 리셉터^{Receptor}를 만들어 도파민 분비를 과다하게 촉진시키는가 하면 도파민이 되돌아가는 길을 막아 더 많은 도파민이 전두엽으로 전달되도록 한다. 결국 약물은 변연계의 '작동 스위치'와 전두엽의 '제어 스위치'를 모두 망가뜨려 뇌의 항상성을 무너뜨린다. 더욱이 중독은 이러한 기능 저하가 일시적인 현상이 아니라 만성적 기능 장애가 되도록 뇌의 생리를 바꾸어 놓기도 한다. 1930년 Dr. William Silkworth는 뇌의 생리적 변화에 대하여 일종의 약물에 의한 뇌의 알레르기 반응으로 설명하기도 했다. 안와전두피질에서 '제어 스위치'가 제 역할을 하기 위해서는 뉴런의 신경 섬유 다발인 반굴속$^{Fasciculus\ retroflexus}$을 통해서 글루타메이트^{Glutamate}라는 신경 전달 물질이 VTA로 전달되어야 하는데, 약물은 이 신경 섬유 다발을 파괴하여 글루타메이트가 VTA로 도달할 수 없도록 만든다는 것이다. 결국, 약물 중독이란 약물이 변연계 신경세포와 전두엽의 신경세포를 파괴하고 상호 신호를 주고받은 과정의 세포들까지 파괴하여 더 이상 기능할 수 없도록 하는 것이다.

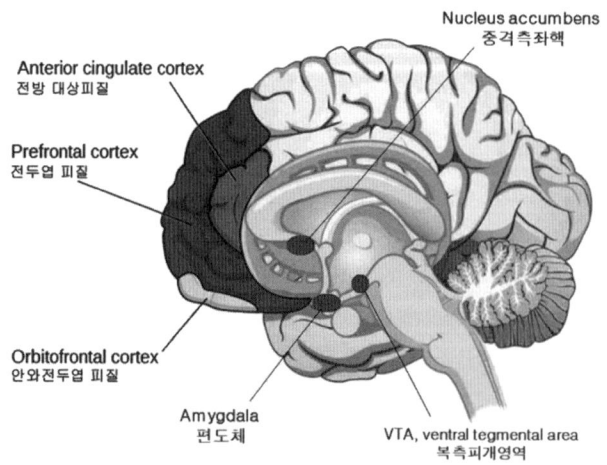

신경 전달 물질

우리 몸에서 만들어지는 내인성 신경 전달 물질은 크게 4종류로 구분된다.
- 모노아민: Norpinephrine, Dopamine, Histamine, Serotonin 등
- 아미노산: GABA, Glycine, Glutamate 등
- 아편양 펩티드: Endorphins, Enkephalins, Substance P 등
- 기타: Acetylcholine, Corticotrophins, Nitric oxide, Adenosine

이들 중 중독과 가장 밀접하게 관련된 신경 전달 물질에는 도파민, 엔도르핀, 세로토닌, GABA 그리고 글루탐산 등이 있다.

도파민 Dopamine

도파민은 중독을 일으키는 데 있어서 가장 핵심적인 물질이다. 도파민이 부족하면 파킨슨병이 오며, 반대로 도파민 과다로 정신 분열증이 유발되기도 한다.

글루타메이트 Glutamate

흥분성 신경 전달 물질로서 중추신경계에서 감각과 운동 기능에 주요한 역할을 한다. 글루타메이트는 흥분성 물질이지만 한편으로는 중격측좌핵^{NAc}에 작용하여 도파민이 지속적으로 방출되도록 '작동 스위치'를 멈추게 하는 역할도 한다. 하지만 글루타메이트가 마약이나 향정신성 약물과 반응하게 되면 오히려 도파민의 방출을 강화시키는 역할을 하게 된다.

GABA Gamma aminobutyric acid

뇌를 안정시키는 역할을 하는 신경 전달 물질인 GABA는 충동을 조절하고 근육을 이완시키며 뇌의 활동을 느리게 만든다. 알코올이 GABA의 생성과 활동에 큰 영향을 미치는 것으로 알려져 있다.

세로토닌^{Serotonin}

일명 행복 호르몬으로 불리는 세로토닌은 우울, 불안 등의 기분을 조절할 뿐만 아니라 식욕, 수면, 근육 이완과 관련되어 있다. 중독과 관련해서는 MDMA^{Ecstasy}가 세로토닌의 분비를 촉진하여 흥분을 일으키는 것으로 알려져 있다.

제5절
중독 물질의 역할

우리의 뇌는 다양한 신경 전달 물질의 양을 조절하면서 건강한 삶을 영위할 수 있도록 기능한다. 하지만 헤로인, 코카인, 항우울제 등의 약물은 신경 전달 물질의 분비와 전달 체계를 무너뜨려 몸의 항상성을 깨뜨린다. 약물이 신경 전달 물질의 양과 전달 체계를 교란하는 방법은 다음과 같은 것들이 있다.

· 뉴런의 수용기^{Receptor}를 막아 신경 전달 물질이 전달되지 못하도록 한다. 예를 들어, 헤로인의 경우 통증 유발 물질인 Substance P가 전달되지 못하도록 수용기를 막아 통증을 억제하는 식이다.

· 신경 전달 물질의 방출을 촉진시킨다. 코카인은 에피네프린과 도파민의 방출을 촉진하고, 엑스터시는 세로토닌의 방출을 촉진시킨다.

· 신경 전달 물질이 시냅스를 통해 송신 뉴런으로 돌아가 재흡수되는 것을 막는다. 예를 들어, 도파민의 정상적 전달 과정에서 수신 측 뉴런으로 전달되지 못한 도파민은 시냅스에서 다시 송신 측 뉴런으로 되돌아가 도파민이 과다하게 흐르지 못하도록 한다. 하지만 약물은 송신 측 뉴런의 입구를 막아 도파민의 흐르는 양을 증폭시킨다. 항우울제로 쓰이는 프로작^{Prozac} 등이 세로토닌이 방출된 이전 뉴런으로 되돌아가는 것을 막거나, 코카인이 도파민의 회귀를 막아 그 양을 늘리게 되는 현상이 여기에 속한다.

· 신경 전달 물질의 대사 효소를 억제해 보다 오래 남아 있도록 만든다. 메스암페

타민의 경우 에피네프린과 노르에피네프린의 대사 물질을 억제하여 효과를 오래 지속하도록 한다.

이외에 위 방법들이 복합적으로 작용하여 강제적으로 신경 전달 물질의 양을 늘리거나 효과를 지속시킨다.

시냅스 가소성과 생체 적응

시냅스 가소성과 생체 적응은 중독의 발생과 재발 그리고 회복을 설명해 준다. 시냅스 가소성$^{Synaptic\ plasticity}$은 약물을 지속적으로 과다하게 사용하여 시냅스가 스트레스를 받을 때, 기능을 변화시키면서 나타난다. 시냅스의 기능 변화는 새로운 환경에 생체가 적응하기 위한 활동 중 하나로, 약물에 내성이 생기는 이유도 여기에 있다. 결국, 시냅스의 기능 변화는 충동 장애나 과잉 행동 장애를 유발하기도 하고 중독과 재발을 일으키는 원인이 되기도 한다. 하지만 시냅스 가소성은 중독으로부터의 회복을 돕기도 한다. 특히, 청소년기에는 가소성이 크기 때문에 중독과 회복이 빠르게 일어난다.

DNA의 후생적 변화

우리의 유전자는 부모로부터 물려받은 것이지만 후천적으로 변화를 일으키기도 한다. 이러한 DNA 변화를 후생적 변화라고 하는데, DNA상의 화학적 표지인 염기, 즉, 아데닌(A), 구아닌(G), 티민(T), 시토신(C)이 추가되거나 없어지는 등의 변화를 하는 것이다. 중독의 원인은 대개 유전과 환경이 50%씩 동일하게 작용하는 것으로 연구되었는데, 이는 약물의 만성적 사용이 DNA의 후생적 변화를 일으키기 때문이다. 이때 DNA 변화는 인종, 성별 등 유전적 특징을 결정하는 염기 서열에 변화를 일으키는 것이 아니라 DNA가 담고 있는 염기의 조합을 변화시켜 중독에 쉽게 빠져들도록 하는 것이다. DNA는 우리 몸속의 세포들이 어떤 일을 해야 하는지 알려 주는 설계도와 같다. 약물의 만성적 사용으로 인한 DNA의 후생적 변화는 설계도 자체를 바꾸는 것이 아니라 설계도의 일부를 지우거나 추가하여 다른 결과를 만들어 내는 것이라 하는 게 옳다.

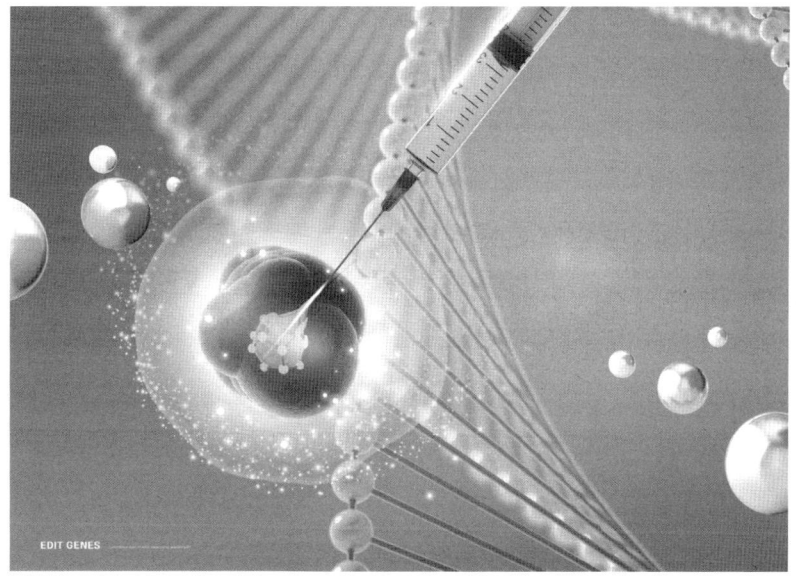

약물에 대한 신체의 반응

약물 내성, 심리적·신체적 의존, 금단 증상, 약물 대사와 같은 요소들은 약물 효과의 강도를 결정하고 중독을 일으키는 요인과 밀접한 관련을 갖는다.

약물 내성

우리의 몸은 신체에 들어오는 약물을 독이라고 간주해 간과 신장과 같은 장기에서 해독하고 배출하게 되며, 그 과정에서 약물에 대한 반응이 나타난다. 하지만 이러한 약물을 장기간 사용하게 되면 몸은 약물의 독성 효과에 적응하게 되는데, 이것이 내성이 생기는 과정이다. 내성이 강할수록 더 많은 약물을 사용해야 이전과 같은 효과를 얻을 수 있다. 예를 들어 메스암페타민을 매일 사용하여 행복감을 얻고자 하는 경우, 첫날 사용했을 때 100mg으로 100만큼의 행복감을 얻었다면, 50일째는 200mg, 100일째는 300mg의 약물을 사용해야 동일한 행복감을 얻을 수 있게 되어 약물의 사용량이 점차 늘어나게 되는 것이다. 내성이 반대로 감소하는 경우도 있는데, 지나친 약물 사용으로 간이 손상되거나 노화로 제 기능을 할 수 없는 경우이다. 이때 간은 해독 작용을 제대로 하지 못해 더 많은 독성이 혈액을 통하여 그대로 전달되기 때문에 몸에 격렬하게 반응이 일어나는 것이다. 몸이 피곤하거나 건강하지 않을 때 술에 더 쉽게 취하는 이유가 여기에 있다.

약물 의존

약물 의존은 약물 사용자가 정서적·신체적으로 약물에 의지하게 되는 현상을 말하는데, 중독이 진행되는 데 중요한 역할을 한다. 심리적으로 약물에 집착하게 되는 것뿐만 아니라 약물 중단에 따른 통증, 근육 경련, 불면증, 피로감 등의 신체적 금단 증상으로 인해 약물을 계속하여 사용하게 되는 것이다.

금단 증상

약물을 오랜 기간 사용하게 되면 신체의 신경 구조와 전달 체계가 변형되어 약물에 적응한 상태가 된다. 적응된 상태에서 약물을 중단하게 되면 신체에는 과도한 효소와 시냅스 수신기, 신경 전달 물질 등만 남게 된다. 이미 약물에 적응한 상태이기 때문에 신체는 다시 균형을 찾기 위해 격렬히 반응하게 된다. 이 과정에서 우울증이나 좌절감, 고통, 불면증, 설사, 혈압 증가, 과도한 불안감, 피로감 등의 금단 증상이 나타나게 된다. 중독의 치료 과정에서는 이러한 갑작스러운 변화가 위험을 초래할 수 있기 때문에 완화된 대체 약물을 통해 신체가 서서히 변화를 맞도록 유도하는 방법을 사용하기도 한다.

제6절
중독의 원인과 예방

유전과 환경

약물 중독은 약물 사용에 대한 유전적 요인과 환경적 요인이 결합하여 복합적으로 나타난다. 또한, 개인의 성격, 생활 방식, 약물에 대한 민감성, 건강 상태에 따라 중독의 강도와 속도가 달라진다.

유전

세대를 거치며 유전되는 기질적인 특성들은 중독을 일으키는 데 매우 중요한 역할을 한다. 지금까지 밝혀진 바로는 적어도 89개의 유전자가 중독과 직접적인 관련이 있는 것으로 확인되었으며, 900개 이상의 유전자가 간접적인 영향을 미치고 있는 것으로 나타났다. 하나의 예로 UCLA와 University of Texas의 공동 연구에서 Dr. Ernest Noble과 Kenneth Blem은 알코올 중독자 중 70% 이상의 유전자에서 보통 사람들에게는 잘 발견되지 않는 DRD2와 A1 대립 유전자를 발견했는데, 이 유전자가 도파민 분비와 밀접한 관련이 있는 것으로 밝혀졌다. 또한 이 유전자는 코카인과 같은 다른 약물에는 취약하다는 것을 알아냈다. 이외에도 많은 중독 특이성 유전자들이 발견되었는데, 대개 중독 환자의 40%~60% 정도에서 이러한 특이성 중독 유전자가 확인되었다.

환경

타고난 유전 형질에도 불구하고 삶에서 오는 긍정적, 부정적 요인들이 신경 화학적 시스템을 바꾸기도 한다. 성적, 정서적, 육체적 학대나 각종 스트레스, 영양 상태, 가족 관계, 생활 상태 등 환경적 요인들이 신경에 화학적 변화를 만들어 낼 수 있다는 것이다. 신경 가소성이란 신경 전달 물질의 분비나 신경 전달 체계는 언제든지 환경의 영향을 받아 바뀔 수 있다는 것이다. 우리 몸에는 약 1억 개의 신경세포가 있는데, 이들이 100조 개로 조합하여 신경 화학적 특질을 만들어 낸다. 환경은 이 조합을 변화시켜 중독에 강한 유전자를 가지고 있던 사람도 중독자로 만들 수 있다.

중독의 예방

취약한 유전과 환경이 반드시 중독을 일으키는 것은 아니다. 중독 유전자를 가지고 있고 약물에 중독되기 쉬운 환경적 요인을 가지고 있더라도 약물을 사용하지 않는다면 결코 약물 중독은 발생하지 않는다. 약물 사용은 중독의 필수 조건이다. 다만, 현대에서는 다양한 향정신성 약물이 의사의 처방에 의해 질병 치료 목적으로 사용되는 경우가 많으므로 전혀 의도된 바 없이 약물에 중독되는 경우도 발생한다. 진통 효과를 위해 아편이나 모르핀이 사용되고 있고, 국소 마취제로는 코카인이 사용되며, ADHD(주의력 결핍 과잉 행동 장애)의 치료를 위해 암페타민 계열의 약물이 사용되는 것이 그 예이다. 그렇기 때문에 의사들도 엄격한 기준과 통제하에 이와 같은 약물을 사용하고 있는 것이다.

제7절

NA 모임 – Narcotic Anonymous

(출처: 익명의 약물중독자들)

NA 모임은 마약류 중독에서 회복하기 위한 12단계 프로그램이다. 이 프로그램은 NA 모임(약물 자조 모임)에서 채택한 12단계와 12가지 전통을 근거로 하고, 단약 유지와 서로에게 도움을 주기 위해 정기적으로 모이는 마약류 의존자의 회복을 위한 자조 모임을 갖는다. 모임 참석에 대한 요구 조건은 없으나, '사용 중단에 대한 바람'이 있어야 한다.

12단계 치료란?

약물 중독으로부터 벗어나는 과정은 한순간이 아니라 차근차근 단계를 밟아 가며 실천해 나아가야지만 온전하게 회복할 수 있다는 이론을 바탕으로 한 치료법이다.

NA 모임 안내

시설 운영에 대한 자세한 사항은 해당 모임의 연락처로 문의하시기 바란다.

NA 모임(약물 자조 모임)

그룹명	모임 시간	주소
당산 NA	목, 오후 7시	서울 영등포구 당산로 48길 10 (마약퇴치운동본부 중독재활센터) 4층
압구정 NA	화, 오후 7시	서울 강남구 논현로 132-18 (서울영동교회 본관 B01층 소그룹실 6)
남양주 NA	토, 오후 7시	경기도 남양주시 퇴계원로 35 (퇴계원역 2번 출구에서 도보 5분 거리)
인천 NA	금, 오후 7시	인천시 서구 원창로 240번길 9 (인천 참사랑병원 별관 3층)
인천 심정도 NA	월, 오후 7시	인천 부평구 경인로 715 인천마약운동퇴치본부 (부성빌딩 3층)

중독자 치료 공동체 운영 기관

공동체	주 소	대표봉사자
서울다르크	서울시 양천구 목동 717-23 다나네스트빌 103호	070-7363-2878
경기다르크	경기 남양주시 퇴계원면 퇴계원리 290-14	031-528-6762
소망을 나누는 사람들	인천 남동구 구월남로 279	032-815-2555
미션홈	경북 군위군 부계면 한티로 2112	053-764-1207
향나무집(여성)	서울 마포구 성산1동 30-35	02-325-4107~8

출처: www.nakorea.org

마약류 약물 남용 예방 상담소

지역	전화번호	지역	전화번호
서울	080-022-5115	부산	080-522-5115
대구	053-764-1207	인천	080-031-5115
광주·전남	080-767-5115	대전	080-202-5115
경기	080-257-5115	강원	033-251-6115
충북	043-221-4133	충남	041-572-2345
전남	080-232-5112	경북	053-742-5165
경남	055-287-9993	전국 대표	1899-0893

제7장

청소년의 약물 사용과 정신 장애

청소년의 스트레스는 성인과 마찬가지로 약물 사용의 가장 중요한 요인이 된다.

학습 부진, 틀어진 교우 관계, 부모님과의 갈등 등 다양한 스트레스를 경험한 청소년들은 종종 그 스트레스로부터 도피하려는 욕구를 느낄 수 있다. 이때 약물 사용이 일종의 도피 메커니즘으로 작용할 수 있는 것이다. 마약이나 알코올은 일시적으로 스트레스를 잊게 하거나 감소시키는 효과가 있어, 청소년들은 이를 찾게 된다.

스트레스에 대한 도피 메커니즘으로 약물을 사용할 경우, 오히려 스트레스 저항성은 떨어지고 청소년들은 점차 약물에 의존해 간다. 스트레스가 불안이나 우울증을 유발하는 경우, 청소년들은 이러한 감정을 경감시키고 더욱더 약물이나 알코올을 사용하게 되는데, 이렇게 점점 약물 중독에 빠지게 되는 것이다.

이러한 영향들을 고려할 때, 무엇보다 청소년의 스트레스 관리가 중요한다. 건강한 스트레스 대처 방법과 대인 관계, 심리적 지원은 스트레스로부터 오는 부정적인 영향을 최소화하는 방법을 찾는다면 약물 사용을 예방하는 데 도움이 될 수 있다. 학교에서 스트레스 관리 및 예방 프로그램에 참여하거나 가정에서 청소년의 스트레스를 관리해 주는 것도 중요하다.

제1절
스트레스의 작용

때때로 스트레스를 많이 받게 되면 몸에 반응이 나타나게 된다. 뇌가 위협을 감지하면 신체는 즉시 스트레스 호르몬을 생성하기 때문이다. 그 결과, 더 긴장하고 눈을 더 크게 뜨며 심장 박동과 호흡 속도가 빨라지게 되는 것이다. 심장은 근육에 더 많은 산소를 공급하여 힘과 속도를 높일 준비를 한다. 스트레스 반응은 자신을 보호하기 위해 나타나는 것이다. 그렇기 때문에 스트레스는 투쟁-도피 반응이라고도 불린다.

대부분 단순한 스트레스를 유발하는 것들은 위험하지 않다. 시험공부를 해야 하고, 숙제를 끝내야 하고, 방과 후 활동에 가야 하는 경우 단순한 스트레스를 받을 수 있다. 중요한 이벤트를 준비하거나, 프레젠테이션을 하거나, 콘서트에서 솔로 음악을 연주하거나, 운전면허 시험을 치르는 것과 같은 일들은 우리를 다소 긴장하게 만들 수 있다.

하지만 평소보다 더 많은 스트레스를 받으면 신체가 생존의 위협에 대응하는 것처럼 반응한다. 뇌가 코르티솔과 같은 스트레스 호르몬을 만들어 이를 수행하는 것이다. 그렇기 때문에 정서적 스트레스를 받는 순간, 배 속에서 울렁거림을 느낄 수 있다. 심장 박동이 빨라지거나 호흡이 얕아질 수 있다. 또한 몸이 떨리거나 땀이 나고, 서성거리고 싶을 수 있고, 안절부절못하거나, 긴장되거나, 초조하거나, 불안할 수 있다.

하지만 이와 같은 상황에서 스트레스와 싸우거나 벗어나려고 애쓸 필요는 없다. 신체의 스트레스 반응은 해당 상황에 집중할 수 있는 에너지를 모으고, 용기를 가지고 상황에 직면하는 데 도움이 될 수 있기 때문이다. 시험공부를 하거나, 수업 프레젠테이션을 연습하거나, 친구와 함께 문제를 해결하는 방법을 생각함으로써 일상적인 스트레스 요인은 상황과 함께 해결할 수 있다.

우리는 문제를 해결할 방법을 찾으려고 노력할 때 안도감을 느낀다. 스트레스 호르몬이 완화되고 울렁거림도 사라지게 되는 것이다. 심장 박동이 정상 속도로 느려지고 몸 전체가 스트레스를 받지 않는 상태로 돌아가기 시작한다. 이것이 바로 스트레스를 관리하는 방법을 배우고 연습하는 과정이다.

그러나 일상의 스트레스 외에도 어려운 삶의 상황들, 즉 매일 일어나지는 않는 상황들에서 올 수 있는 스트레스들이 있다. 이사, 부모의 이혼, 고통스러운 이별, 힘든 감정, 가족 간의 갈등 등은 모두 일상의 스트레스보다 완화하는 데 더 많은 시간이 걸리기 때문에 더 큰 스트레스를 유발할 수 있다.

트라우마를 겪은 후에 발생하는 스트레스도 있는데, 이는 우리의 생명이나 안전에 대한 두려움을 유발할 수 있다. 학대, 폭력, 사고 또는 자연재해와 같은 것들은 트라우마 기억으로 남을 수 있다. 부모를 잃거나, 중병에 걸리는 것도 마찬가지이다.

이러한 상황에서 투쟁-도피 반응은 여전히 발생하지만 평소와는 다르게 통증이나 공황을 느끼거나 평소처럼 움직일 수 없을 수 있다. 스트레스가 너무 심해서 감당할 수 없다면 어떻게 해야 할까? 대부분의 해결 방법은 스트레스는 직면하고 대처할 수 있는 도전에서 비롯된다. 충분한 수면, 운동, 건강한 식습관, 심호흡과 같은 것들이 일상의 스트레스를 완화하는 데 도움이 될 수 있는 것이다.

하지만 스트레스가 너무 강하게 느껴지거나, 너무 자주 발생하거나, 감당할 수 없을 정도로 느껴진다면 의사나 상담사 등 신뢰할 수 있는 사람과 이야기하여 도움을 받는 것이 좋다.

제2절
청소년의 스트레스 관리

청소년에게는 스트레스를 감소시키고 정서적 및 신체적 건강을 촉진하는 다양한 활동을 권장하는 것이 좋다. 청소년기는 많은 스트레스를 경험하는 시기이기 때문에 건강한 스트레스 관리 습관을 가르치는 것이 중요하다. 아래는 청소년에게 권장할 만한 스트레스 감소 활동들이다.

운동: 청소년에게 신체 활동을 권장하고 스포츠 또는 운동 동아리에 가입하도록 장려한다. 정기적인 운동은 스트레스를 줄이고 자기 자신을 더 활기차게 만들 수 있다.

미술 및 창작적 활동: 미술, 음악, 무용, 연극과 같은 창작적 활동은 창의성을 표현하고 스트레스를 해소하는 데 도움이 된다.

명상 및 요가: 명상과 요가는 정서적 안정과 스트레스 관리에 도움을 줄 수 있는 효과적인 방법이다. 청소년에게 명상 앱을 소개하거나 요가 클래스에 참가하도록 권장한다.

사회적 활동: 친구와 시간을 보내는 것은 사회적인 연결을 높이고 스트레스를 감소시키는 데 도움이 된다. 청소년에게 친구들과 함께 다양한 활동을 할 수 있도록 장려한다.

언어 습득: 외국어 학습은 미래에 대비하는 동시에 스트레스 감소에도 도움을 줄 수 있다. 새로운 언어를 배우는 것은 두뇌를 활성화시키고 자신감을 키울 수 있기 때문이다.

자기 돌봄: 청소년에게 올바른 자기 돌봄 습관을 가르치고, 충분한 수면과 영양을 중요시하도록 도와주어야 한다.

긍정적 사고: 긍정적인 사고 습관을 키워 주고 문제 해결 능력을 강화하는 활동을 실천하도록 지도한다면 건강하게 성장할 수 있을 것이다.

정신 건강 교육: 정신 건강에 대한 교육을 제공하여 스트레스의 원인을 이해하고 어떻게 대처해야 하는지 배울 수 있도록 돕는다.

미디어 소비 관리: 스트레스를 유발할 수 있는 디지털 미디어의 과도한 사용을 관리하고 화면 시간을 제한하는 방법을 가르쳐야 한다.

정기적인 휴식: 학업, 과제, 활동 등으로 바쁜 청소년에게 정기적인 휴식 시간을 주어 스트레스를 해소하도록 돕는다.

청소년의 스트레스 관리를 돕는 과정에서 그들의 관심사와 개성을 고려하여 위의 활동을 선택하는 것이 중요하다. 또한 부모나 선생님 등 신뢰할 수 있는 어른의 지원과 이해가 중요하며, 필요한 경우 정신 건강 전문가와 상담도 고려해야 한다.

제3절
불안에 대처하는 5가지 방법

　사람은 누구나 불안을 느낀다. 불안은 도전에 직면할 때, 잘해야 한다는 압박감이 있을 때, 또는 마음에 걱정이 있을 때 신체적으로 표면화될 수 있다.

　불안은 신체의 스트레스 반응을 일으킨다. 스트레스 호르몬이 즉각적으로 급증하는 이유는 생존 반응이기 때문이다. 다시 말해, 위험 상황에서 신속하게 대응하고, 필요한 경우 자신을 보호할 수 있도록 준비하기 위해서인 것이다. 본인이 두렵거나 안전한지 확신할 수 없다면, 불안은 행동을 조심하도록 자극하게 된다.

　그러나 많은 사람들이 스트레스를 받긴 하지만 생명이 위험하지는 않은 상황에서 불안을 느끼곤 한다. 예를 들어 시험을 치르거나, 새로운 사람을 만나거나, 수업에서 발표하는 것에 불안을 느끼는 것이다.

　만약 이런 상황에서 불안감을 느낀다면, 나 혼자만 그런 감정을 느끼는 것이 아니기 때문에 걱정할 필요는 없다. 그러나 그저 가만히 불안해하고 있는 것보단 대처하는 방법을 배우는 것이 좋다. 그렇지 않으면 불안이 우리를 주저하게 만들거나 하고 싶은 일을 피하게 만들 수 있기 때문이다.

　불안을 유발하는 것들은 피하는 것보다 직면하는 것이 더 낫다. 불안에 직면한다면 다음 불안한 순간이 찾아왔을 때, 극복하는 데 도움이 될 수 있기 때문이다. 다음은 불안에 직면하는 네 가지 방법이다.

1. '성장'하려는 마인드로 시작해라.

고정된 사고방식을 가지고 있는 사람은 "나는 너무 불안해서 수업 시간에 말을 할 수가 없어요. 그래서 절대 손을 들지 않아요."라며 자신의 상황은 절대 바뀔 수 없다고 생각한다. 그러나 뇌 과학에서는 뇌에 새로운 반응 및 방법을 가르칠 수 있음을 보여 주었다. 성장 마인드셋을 가진 사람들은 노력과 연습을 통해 거의 모든 것을 더 잘할 수 있게 된다는 것을 알고 있다. 여기에는 불안을 줄이는 것도 포함된다.

2. 불안이 신체에 어떤 영향을 미치는지 주목해 보자.

불안할 때 배 속에서 "울렁거림"이 느껴지는가? 손바닥에 땀이 나는가? 손이 떨리는가? 아니면 더 빠른 심장 박동이나 뻣뻣한 근육이 느껴지나?

이러한 신체적 느낌은 스트레스 반응의 일부이다. 불편할 수 있지만 해롭지는 않다. 충분히 대응할 수 있다. 이런 반응이 또 다시 느껴질 때에는 화를 내지 말고 그저 알아차리려고 노력하자. 감정을 밀어낼 필요는 없다. 하지만 모든 관심을 기울일 필요도 없다. 무의식에 둘 수 있는지 확인만 하면 된다.

3. 심호흡을 하자.

불안감을 느낄 때는 천천히 숨을 몇 번 들이마시면 좋다. 천천히 심호흡을 하면 스트레스 호르몬의 분비를 늦출 수 있다. 몸과 마음이 더 편안해지는 데 도움이 될 수 있는 것이다. 호흡에 주의를 기울이면 불안한 생각과 감정에 신경을 덜 쏠을 수 있다. 심호흡을 한 다음, 자신의 이야기를 해 보자. 불안할 때, "난 이걸 할 수 없어!", "내가 이걸 망치면 어떡하지?", "이건 버겁다."와 같은 말을 하기보다는 "나는 할 수 있어!", "불안해도 괜찮아. 어쨌든 난 할 수 있어."라고 하는 것이다.

4. 불안이 사라질 때까지 그저 가만히 기다리지 말고 상황을 직시하자.

더 이상 불안감을 느끼지 않을 때까지 말하지 않거나 새로운 사람과 이야기하지 않는 것이 낫다고 생각할 수 있다. 하지만 그런 방식으로 해결되지 않는다. 불안을 낮추는 데 도움이 되는 것은 오로지 불안에 직면하는 것이다. 불안에 대처하는 법을 배우려면 참을성과 연습이 필요하다. 무엇보다도 불안을 유발하는 상황을 기꺼이 직면해야 한다. 작은 한 걸음부터 시작해야 한다. 더 많이 연습할수록 불안을 더 잘 줄일 수 있다.

이 네 단계를 사용할 때 부모, 학교 상담사 또는 치료사로부터 지도와 지원을 받으면 더 도움이 될 수 있다.

불안감이 극심하거나 대처하기 어려울 때, 도움이 필요한 문제에 대해 불안감을 느낀다면, 부모나 신뢰할 수 있는 어른에게 말해야 한다. 적절한 보살핌과 지원을 받으면 불안이 줄어들고 자신감을 가질 수 있다.

제8장

청소년의 마약 범죄와 형사 처벌

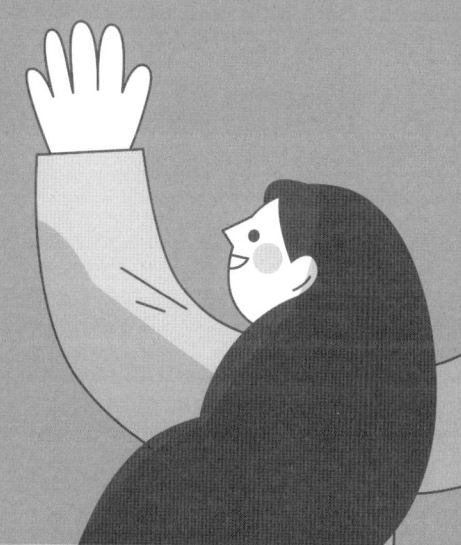

청소년의 마약류 범죄는 해마다 늘어나고 있다. 2022년 마약 범죄로 적발된 19세 미만 청소년은 481명으로, 전체 마약 범죄의 2.6%를 차지하는 것으로 나타났다. 이와 더불어 청소년은 단순 투약뿐만 아니라 매매, 알선 및 밀수에 이용되면서 중형을 선고받는 사례가 늘고 있다.

마약을 투약하지 않더라도 쉽게 거액의 돈을 벌 수 있다는 광고에 현혹되어 택배를 대신 수령해 주거나 마약 배달 심부름을 하다가 적발되어 중형을 선고받는 사례도 적지 않다. 「마약류 관리에 관한 법률」 처벌 규정(법 제58조~제69조)에서는 단순 투약이나 소지와 달리 매매·알선 행위와 밀수에 대해서도 5년 이상의 중한 형벌을 정하고 있기 때문에 이러한 행위에 연루되지 않도록 교육하는 것도 매우 중요하다.

최근 5년간 마약류 사범 연령별 현황

(단위: 명)

연도별	19세 이하	20-29	30-39	40-49	50-59	60세 이상	연령 미상	합계
2018	143	2,118	2,996	3,305	2,352	1,457	242	12,613
	(1.1)	(16.8)	(23.8)	(26.2)	(18.6)	(11.6)	(1.9)	(100)
2019	239	3,521	4,126	3,487	2,554	1,598	519	16,044
	(1.5)	(21.9)	(25.7)	(21.7)	(15.9)	(10.0)	(3.2)	(100)
2020	313	4,493	4,516	3,599	2,423	2,232	474	18,050
	(1.7)	(24.9)	(25.0)	(19.9)	(13.4)	(12.4)	(2.6)	(100)
2021	450	5,077	4,096	2,670	1,992	1,550	318	16,153
	(2.8)	(31.4)	(25.4)	(16.5)	(12.3)	(9.6)	(2.0)	(100)
2022	481	5,804	4,703	2,815	1,976	2,166	450	18,395
	(2.6)	(31.6)	(25.6)	(15.3)	(10.7)	(11.8)	(2.4)	(100)

※ ( )는 구성비 %

출처: 대검찰청 2022년 마약 범죄 백서

제1절
양형의 기준

출처: 대법원 양형위원회 홈페이지

1. 투약·단순 소지

유형	구분	감경	기본	가중
1	환각 물질	~8월	6월~1년	8월~1년 6월
2	대마, 향정 라.목 및 마.목	6월~10월	8월~1년 6월	10월~2년
3	향정 나.목 및 다.목	6월~1년 6월	10월~2년	1년~3년
4	마약, 향정 가.목 등	10월~2년	1년~3년	2년~4년

2. 매매·알선 등

유형	구분	감경	기본	가중
1	환각 물질, 향정 라.목 등	6월~10월	8월~1년 6월	10월~2년
2	대마, 향정 나.목 및 다.목	8월~1년 6월	1년~2년	1년 6월~4년
3	마약, 향정 가.목 등	2년 6월~5년	4년~7년	5년~8년
4	영리 목적 또는 상습범	5년~9년	7년~11년	9년~14년

3. 수출입·제조 등

유형	구분	감경	기본	가중
1	향정 라.목	8월~1년 6월	10월~2년	1년 6월~3년
2	대마, 향정 다.목	1년~3년	2년~4년	3년~6년
3	마약, 향정 가.목 및 나.목	2년 6월~5년	4년~7년	5년~8년
4	영리 목적 또는 상습범	5년~9년	7년~11년	9년~14년

4. 대량범

유형	구분	감경	기본	가중
1	제1유형	2년~4년	3년~6년	5년~8년
2	제2유형	3년 6월~6년	5년~9년	7년~11년
3	제3유형	6년~9년	8년~11년	10년~14년

제2절
현행법상 단속(처벌) 규정

구분	법규	행위	처벌 조항	형량
마약류	「마약류 관리에 관한 법률」	제3조 일반 행위의 금지	제8장 벌칙 제58조~제69조	무기 또는 5년 이상 징역 등
	「마약류 불법거래 방지에 관한 특례법」	업으로서 한 불법 수익, 불법 수익의 은닉, 불법 수익의 수수, 마약류 물품의 수입 선동 등	제3장 벌칙 제6소~제18소	사형, 무기 또는 10년 이상 징역 등 (벌금 병과)
	「형법」	아편 등이 제조, 아편 흡입 식기의 제조, 세관 공무원의 아편 등의 수입, 아편 흡식 및 사용 장소 제공 등	제17장 아편에 관한 죄 제198조~206조	10년 이하 징역 등
	「특정범죄 가중처벌 등에 관한 법률」	「마약류 관리에 관한 법률」 제58조 제1항 제1호~제4호, 제6호, 제7호에 규정된 죄 또는 그 미수죄, 제59조 제1항~제3항, 제60조에 규정된 죄	제11조 마약사범 등의 가중처벌	무기 또는 10년 이상 징역 등
환각 물질	「화학물질관리법」	「화학물질관리법」 제22조 위반 환각 물질 섭취·흡입·소지 또는 판매·제공	제59조 6호	3년 이하 징역 또는 5천만원 이하 벌금

제3절
마약류 사범 유형별 형량

가. 마약 (「마약류 관리에 관한 법률」 제2조 제2호)

분류	품명	단순 투약 또는 소지	수수, 관리, 소지, 소유	수출입 또는 제조
마약	아편, 모르핀, 헤로인, 펜타닐, 메타돈	제60조 제1항 제1호 10년 이하의 징역 또는 1억원 이하의 벌금	제59조 제1항 제9호 1년 이상의 유기 징역	제58조 제1항 제1호 무기 또는 5년 이상의 유기 징역

나. 향정신성의약품 처벌 기준 (「마약류 관리에 관한 법률」 제2조 제3호)

분류	품명	단순 투약 또는 소지	매매·알선	수출입 또는 제조
가.목	LSD, JWH-018 및 그 유사체 등	제59조 제1항 제5호 1년 이상 징역	제58조 제1항 제3호 무기 또는 5년 이상 징역	제58조 제1항 제3호 무기 또는 5년 이상 징역
나.목	암페타민, 메스암페타민, MDMA, 케타민 등	제60조 제1항 제2호 10년 이하 징역 또는 1억원 이하 벌금	제60조 제1항 제2호 10년 이하 징역 또는 1억원 이하 벌금	제58조 제1항 제6호 무기 또는 5년 이상 징역
다.목	바르비탈, 펜타조신 등	제60조 제1항 제2호 10년 이하 징역 또는 1억원 이하 벌금	제60조 제1항 제2호 10년 이하 징역 또는 1억원 이하 벌금	제59조 제1항 제10호 1년 이상 징역
라.목	디아제팜, 졸피뎀 프로포폴 등	제61조 제1항 제5호 5년 이하 징역 또는 5천만원 이하 벌금	제61조 제1항 제5호 5년 이하 징역 또는 5천만원 이하 벌금	제60조 제1항 제3호 10년 이하 징역 또는 1억원 이하 벌금

다. 대마 (「마약류 관리에 관한 법률」 제2조 제4호)

흡연, 소지, 운반, 보관, 사용, 재배, 흡연 장소, 운반 장소 제공	판매, 알선, 수수 수출 목적 재배, 제공	수출입 목적 소지 소유
제61조 제1항 제1호 제6호 5년 이하 징역 또는 5천만원 이하 벌금	제59조 제1항 제7호 제11호 1년 이상 징역	제58조 제1항 제5호 무기 또는 5년 이상 징역

라. 기타 규제 물질

환각 물질 섭취, 흡입 흡입 목적 소지·판매·제공	인터넷 등에 마약류 판매 광고, 제조 방법 등을 유포	마약 대금을 송금하였으나 가짜 마약류를 받은 경우
「화학물질관리법」 제59조 제6호 3년 이하 징역 또는 5천만원 이하 벌금	「마약류 관리에 관한 법률」 제62조 제1항 제4호 3년 이하의 징역 또는 3천만원 이하의 벌금	「마약류 불법거래 방지에 관한 특례법」 제9조 제2항 5년 이하의 징역 또는 500만원 이하의 벌금

※ 「특정범죄 가중처벌 등에 관한 법률」

제11조(마약사범 등의 가중처벌)

① 「마약류관리에 관한 법률」 제58조제1항제1호부터 제4호까지 및 제6호·제7호에 규정된 죄(매매, 수수 및 제공에 관한 죄와 매매목적, 매매 알선목적 또는 수수 목적의 소지·소유에 관한 죄는 제외한다) 또는 그 미수죄를 범한 사람은 다음 각 호의 구분에 따라 가중 처벌한다.

  1. 수출입·제조·소지·소유 등을 한 마약이나 향정신성의약품 등의 가액이 5천만원 이상인 경우에는 무기 또는 10년 이상의 징역에 처한다.

  2. 수출입·제조·소지·소유 등을 한 마약이나 향정신성의약품 등의 가액이 500만원 이상 5천만원 미만인 경우에는 무기 또는 7년 이상의 징역에 처한다.

② 「마약류관리에 관한 법률」 제59조제1항부터 제3항까지 및 제60조에 규정된 죄(마약 및 향정신성의약품에 관한 죄만 해당한다)를 범한 사람은 다음 각 호의 구분에 따라 가중 처벌한다.

  1. 소지·소유·재배·사용·수출입·제조 등을 한 마약 및 향정신성의약품의 가액이 5천만원 이상인 경우에는 무기 또는 7년 이상의 징역에 처한다.

  2. 소지·소유·재배·사용·수출입·제조 등을 한 마약 및 향정신성의약품의 가액이 500만원 이상 5천만원 미만인 경우에는 무기 또는 3년 이상의 징역에 처한다.

제4절
실제 처벌 사례의 재구성

사례별 처벌 예시 (실제 사례를 재구성)

[사례 1] 19세 A군은 알바를 구하다가 택배로 배달된 물건을 지하철 보관함에서 찾아와 주면 백만 원을 주겠다는 광고를 보게 되었다. 합법적으로 사용되는 다이이트 약이라는 이야기를 믿은 A군은 그 알바를 하게 되었다.

[결과] 택배는 유럽에서 배달된 물건으로, 그 안에는 시가 8억 원 상당의 필로폰이 들어 있었다. 배송지 국가에서 출국 심사를 하다 적발된 필로폰은 인터폴을 통해 한국 경찰에 통보되었고, 택배를 추적해 현장에서 A군을 체포하였다.

[처벌] 「마약류 관리에 관한 법률」 제58조 1항 1호 및 「특정범죄 가중처벌 등에 관한 법률」 제11조(마약사범 등의 가중처벌)에 의하여 무기 또는 10년 이상의 징역에 처해질 상황이 되었다.

사례 2 21세 B양은 자신과 동거하는 24세 A군이 자신의 집에서 삼나무(대마초 원료)를 재배하는 것을 알게 되었다. 불안하게 생각한 B양은 A군을 말렸지만 말을 듣지 않자, A군에게 따로 나가도록 설득하고 자신의 명의로 집을 계약하고 이사를 도와주었다.

결과 몇 달 후 A군은 이웃의 신고로 체포되었고, 계약자인 B양도 입건되어 조사받게 되었다. B양이 집 계약의 당사자이고 수시로 그 집에 드나들었던 점이 인정되어 함께 재판받게 되었다.

처벌 「마약류 관리에 관한 법률」 제61조 제1항 제1호에 의하여 5년 이하의 징역 또는 5천만원 이하의 벌금에 처해질 상황이 되었다.

사례 3 21세 A군은 친구로부터 쉬운 알바 자리를 제안받게 된다. 마약을 지정된 장소에 놓아 주기만 하면 건당 10만 원을 주겠다는 제안이다. 마약 판매의 처벌 수위를 모르는 A군은 불법임을 알고도 일을 감행했다.

결과 마약 투약자가 잡히면서 주변 CCTV를 통해 A군도 판매자로 체포되었다. A군이 심부름한 마약은 합성 대마[JWH-018]로 밝혀졌다.

처벌 「마약류 관리에 관한 법률」 제58조 제1항 제3호에 의하여 5년 이상 징역에 처해질 상황이 되었다.

사례 4 19세 A군은 평소 웹 디자인에 관심이 많아 디자인 아르바이트로 용돈을 벌고 있었다. 어느 날 SNS를 통해 알게 된 사람이 합법적인 액상 대마에 대한 광고를 만들어 자신의 계정으로 커뮤니티에 게시해 주면 사례하겠다는 연락을 받게 되었다. 정말 합법인지 물어보니 이런 저런 근거를 보여 주면서 합법이라고 말한다. 결국 A군은 거액을 받고 홍보물을 만들어 SNS에 게시하였다.

결과 우리나라에서 모든 대마의 유통과 사용은 불법이다. 사이버 경찰에 적발되어 A군은 체포되었다.

처벌 「마약류 관리에 관한 법률」 제62조 제1항 제4호에 의하여 3년 이하의 징역 또는 3천만원 이하의 벌금에 처해질 상황이 되었다.

사례 5 대학생인 B양은 태국 여행 중 대마를 접하게 된다. 태국에서는 일부 대마를 합법적으로 구입 및 사용할 수 있어 젤리 형태의 대마를 사용하였고, 일부를 국내로 반입하였다가 공항에서 적발되었다.

결과 대마가 합법인 국가에서 대마를 사용하더라도 우리나라에서는 불법이기 때문에 우리나라 국민인 B양은 처벌을 피하지 못한다. B양은 대마 투약과 밀반입 혐의로 공항에서 현행범으로 체포되었다.

처벌 「마약류 관리에 관한 법률」 제61조 제1항 제1호 제6호에 의하여 5년 이하 징역 또는 5천만원 이하 벌금에 처해질 상황이 되었다.

사례 6 직장 생활을 하는 24살 C양은 평소 알고 지내던 외국인으로부터 브라질에 있는 투자자를 만나 계약서를 받아 오면 거액의 수수료를 받을 수 있을 것이라는 말에 브라질로 출국, 투자자로부터 가방을 전달해 달라는 부탁을 듣고 태국으로 출국하는 과정에서 마약이 숨겨진 가방이 적발되어 체포되었다.

결과 입국 과정에서 시가 5억 원 상당의 필로폰이 발견되어 마약 운반책 혐의로 현행범으로 체포되었다.

처벌 「마약류 관리에 관한 법률」 제58조 제1항 제6호 및 「특정범죄 가중처벌 등에 관한 법률」 제11조(마약사범 등의 가중처벌)에 의하여 무기 또는 10년 이상의 징역에 처해질 상황이 되었다.

약물 중독 관련 용어

약물 중독

약물이 신체 내에 과도하게 유입되어 여러 가지 부작용이 나타나는 상태로, 가벼운 구토나 두통, 복통에서부터 들뜬 기분, 혼동, 착각, 환각 등의 정신병적 상태가 나타나거나 혼수상태 및 사망에까지 이를 수 있는 상태를 말한다.

마약

중추신경계에 작용하면서 오용하거나 남용할 경우, 인체에 심각한 위해가 있다고 인정되는 약물을 말한다. 마약·향정신성의약품·대마 등을 통틀어 단순히 '마약'이라고 혼용하여 사용하기도 하나 이들의 정확한 용어는 '마약류'이며, 마약은 마약류의 한 종류이다.

천연 마약

천연 마약에는 아편 알칼로이드계와 코카 알칼로이드계가 있다. 아편 알칼로이드계 마약은 모두 양귀비꽃으로 만드는데, 아편, 모르핀, 헤로인 등이 바로 그것이다. 코카 알칼로이드계 마약은 코카 잎에서 만드는 것으로, 코카 잎 속에 함유되어 있는 코카인류가 마취 작용을 한다. 코카인은 코카 잎에서 분리된 것이다.

합성 마약

화학적으로 합성된 진통·진정제이다. 처음에는 의료용으로 사용되었지만 점차 탐닉 작용이 생겨나 사람들이 남용하게 되었다. 이를 과도하게 남용하면 유해한 작용이 나타나기 때문에 마약법으로 64종의 합성 마약이 지정되어 제한되고 있다.

디자이너 마약 ^{Designer Drug}

코카인, 엑스터시 등 기존 마약류의 화학 성분을 재조합해 만든 신종 합성 물질로, 마약과 유사한 환각 효과를 내는 합성 마약의 종류이다. 판매상들은 디자이너 마약이 마약이나 유해 화학 물질로 등록되지 않아 단속에 걸리지 않는 합법 마약이라고 홍보하지만 실제로는 단속 대상이다.

탐닉

해로운 결과를 체험했음에도 불구하고 강박적으로 약물을 찾고 사용하게 되는 만성 재발성 뇌 질환이다. 탐닉을 뇌 질환으로 간주하는 이유는 약물이 뇌에 침투하여 뇌의 구조와 작동 방식을 변경하기 때문이다. 이러한 뇌 변화는 오랫동안 지속될 수 있기 때문에 해로운 질병으로 분류하는 것이다. 탐닉은 또한 종종 자기 파괴적인 행동으로 이어질 수도 있다.

길항제 오피오이드

수용체에 결합하지만 효과를 생성하기보다는 다른 오피오이드의 효과를 차단하는 약물이다. (예: 날트렉손)

만성 질환

평생 동안 지속되는 의학적 상태. 치료할 수는 없지만 관리할 수는 있다. (예: 심장병, 당뇨병, 오피오이드 중독)

상담

대처, 문제 해결 및 대인 관계를 강화하거나 지원하기 위해 환자의 필요, 문제 및 감정에 초점을 맞춘 대화형 지원 프로세스이다.

갈망

마약이나 술에 대한 강력하고 통제할 수 없는 욕구이다.

의존
뉴런이 반복적인 약물 노출에 적응했을 때 의존성이 발생한다. 이때, 약물이 있는 경우에만 뇌세포가 정상적으로 기능하게 된다.

테이퍼 오프
약물이나 알코올 등을 갑자기 중단하지 않고 사용량을 조금씩 줄여 쇼크 등 부작용을 방지하는 방법을 말한다.

내성
처음에 사용했던 양에는 더 이상 반응하지 않는 것을 말한다. 처음 경험했던 그 효과를 얻기 위해 더 많은 약물을 사용하게 된다.

의존
사용자가 마약류 및 약물을 지속적·주기적으로 사용한 결과, 정신적·신체적 변화가 일어나, 사용자 본인이 스스로 마약류 및 약물 사용을 중단하거나 조절하는 것이 어려운 상태를 말한다.

금단 증상
중독된 사람이 몸에 약이 없을 때 느끼는 병. 증상으로 수면 문제, 평소보다 땀을 많이 흘리거나, 불안 또는 긴장, 근육통 및 통증, 복통, 메스꺼움 또는 구토, 설사 등이 나타난다.

메스버그 Meth-Bug
메스암페타민이 피부에 미치는 영향으로, 피부에 벌레가 기어다니는 것 같은 망상 속의 느낌, 간지러움 등을 느낀다. 이런 느낌을 받는 사람들은 끊임없이 온몸이 간지러워 피부에 상처를 내기도 하며 얼굴이나 팔 등 피부를 절개하기도 한다.

해독
금단 증상을 관리하면서 신체가 약물을 스스로 제거하는 과정이다. 약물 치료 프로그램의 첫 번째 단계이다.

도파민
신경 전달 물질로 분류되는 뇌 화학 물질로, 움직임, 감정, 동기 부여 및 즐거움을 조절하는 역할을 한다.

세로토닌
우리 몸과 뇌에서 발견되는 중요한 화학 물질로, 흔히 '행복 호르몬'이라고 불린다. 단순히 행복만을 조절하는 것이 아니라 우리의 감정, 행동, 신체 반응 등을 조절하기도 한다.

유지 약물 치료
증상의 재발이나 악화를 방지하기 위해 치료 효과를 달성하고, 부작용을 최소화하기 위해 가능한 한 최저 용량으로 치료제를 투여하는 것이다.

약물 보조 치료
오피오이드 의존성에 관련된 문제를 해결하는 데 도움이 되는 약물로, 여기에는 금단 증상, 갈망 및 재발 예방을 포함한다. 오피오이드 의존성이 있는 10대 또는 젊은 성인의 경우 날록손, 메타돈 및 날트렉손을 포함하거나 포함하지 않은 부프레노르핀을 투여한다.

신경 전달 물질
한 신경세포에서 다른 신경세포로 신호나 자극을 전달하는 메신저 역할을 하는 화합물을 말한다.

오피오이드

오피오이드는 통증 신호의 강도를 줄이기 위해 뇌에 영향을 미치는 약물이다. 호흡, 심장 박동 등 신체 활동을 느리게 하며 사람이 더 큰 즐거움을 느끼게 만든다. 오피오이드^{opioid}라는 단어는 양귀비 식물에서 추출한 약물인 아편^{opium}에서 유래되었다. 코데인, 옥시코돈, 퍼코셋 및 바이코딘과 같은 처방 진통제, 거리 마약, 헤로인도 마찬가지이다.

부분 작용제

뇌의 오피오이드 수용체에 결합하여 활성화시키는 약물이다. (예: 부프레노르핀)

회복

개인이 자신의 건강과 안녕을 개선하고, 자기 주도적인 삶을 살며 자신의 잠재력을 최대한 발휘하기 위해 노력하는 변화의 과정이다.

재활

집중 치료가 끝난 개인을 지원하는 시스템이다. 지원에는 중독에서 벗어나 회복 중인 사람이 중독되었던 물질에 대한 갈망과 갈망을 유발하는 요인을 처리하도록 도와주는 재발 예방 프로그램 등이 포함된다.

재발

중독에서 벗어나 어떠한 약물이나 알코올도 사용하지 않다가 다시 알코올이나 기타 약물을 사용하게 되는 것을 말한다. 재발은 음주/약물 사용자와 가족 모두를 힘들게 한다.

12단계

중독이나 강박적 행동의 회복을 돕기 위해 고안된 프로그램으로, 특히 개인의 부족함을 인정하고 더 높은 힘의 도움을 받아들이는 원칙에 기초한 영적인 프로그램이다. 알코올 중독 억제를 위한 AA$^{\text{Alcoholics Anonymous}}$ 프로그램의 12가지 지침 개념을 따서 명명되었다.

자조 모임

일반적으로 좌절감과 같은 감정을 표현하고 나누며 정서적 지원을 제공하고, 효과적인 대처 전략을 모색하기 위해 모인 개인들의 비영리 모임이다.

GA$^{\text{gamblers anonymous}}$: 도박 중독자 자조 모임

익명의 도박 중독자들이 모여서 도박으로부터 생긴 문제를 극복하기 위해 경험과 힘, 희망을 나누는 자조 모임.

AA$^{\text{alcoholic anonymous}}$: 알코올 중독자 모임

익명의 알코올 중독자들이 모여서 알코올로부터 생긴 문제를 극복하기 위해 경험과 힘, 희망을 나누는 자조 모임.

NA$^{\text{narcotics anonymous}}$: 약물 중독자 자조 집단

익명의 약물 중독자들이 모여서 약물로부터 생긴 문제를 극복하기 위해 경험과 힘, 희망을 나누는 자조 모임.

> 에필로그

　최근 마약류 사건을 상담하고 사건을 의뢰받아 변론하다 보면 알 수 있는 특징 중 하나가 마약류 투약, 판매, 밀수를 가릴 것 없이 청소년 가담 비율이 과거에 비해 현저하게 높아지고 있다는 것입니다.

　정말 안타까운 현실인데, 이렇게 된 가장 큰 이유는 바로 SNS를 통한 마약류 접근이 너무 쉬워졌다는 데 있습니다. 성인 마약 조직들은 약물에 대한 지식이 전혀 없는 청소년을 유혹해 중독자로 만들어 그들을 통해 판매 시장을 넓혀 가는가 하면 판매나 밀수 심부름에 이용하기도 합니다.

　반면 청소년들은 불법 약물과 마약류에 대한 지식이 너무나 없습니다. 대다수 청소년 마약 사범을 보면 이전에 약물 예방 교육을 한 번도 받은 적이 없어 그 위험성조차 모르는 경우가 대부분입니다. '마약'하면 주사 바늘을 꼽고 코로 흡입하는 모습만 상상하다가 갑자기 누군가 캔디나 젤리 형태의 마약을 주면서 유혹하면 아무런 경각심 없이 사용하게 되는 것입니다. 그러다 약물에 중독되기도 하고 마약류 판매, 밀수를 돕는 심부름꾼이 되기도 합니다. 마약류 사용 예방을 위한 행동 요령을 듣거나 배운 적이 없어 무방비 상태에서 마약류를 투약하거나 마약 조직에 이용되는 것입니다. 안타깝게도 마약류 판매나 밀수에 도운 경우, 청소년일지라도 처벌은 다른 어떤 범죄보다 무겁습니다.

　그럼에도 불구하고 청소년 자녀를 둔 대부분의 학부모들은 약물 남용 예방 교육에 대한 필요성이나 위험에 대한 경각심이 없습니다. 실제로 청소년들이 얼마큼 마약의 위험에 노출되어 있는지 모른 채 자녀가 약물에 대한 올바른 정보에 접근하는 것조차 두려워합니다. 심지어는 예방 교육이 오히려 자녀에게 마약에 대한 호기심을 유발시킨다고 생각하여 예방 교육에 회의적인 부모도 있다고 하니, 우리가 처한 현실에 대한 낮은 이해도가 우려스러울 정도입니다. 이는 마치 성에 대한 호기심을 유발할까 봐 자녀에게 성교육을 하지 않는 것과 같습니다.

이미 마약류에 대한 왜곡된 정보는 위험 수준을 넘어 인터넷 곳곳에 퍼져 있습니다. 올바른 교육으로 먼저 무장하지 않으면 청소년의 호기심이 위험한 방향으로 먼저 발휘될 수 있는 상황입니다.

부모와 교사 그리고 이를 가르치는 강사가 마약에 대한 올바른 지식과 정보를 가지고 청소년들이 접하는 잘못된 정보들에 대해 충분히 토론하고 가르칠 수 있어야 합니다. 마약은 한 번 빠져들면 헤어 나오기 어렵습니다. 성장기 두뇌를 가진 청소년의 경우 중독에는 더 취약하고, 부작용은 성인과 비교할 수도 없이 훨씬 더 강력합니다.

법무법인 청에서는 마약 사범의 경우, 법률적 지원과 더불어 한국중독연구교육원 중독 심리전문가와 협력하여 치료적 지원을 병행합니다. 치료적 접근은 유리한 양형을 위해서도 필요하지만 회복과 재범을 방지하기 위해서도 필수적인 노력이기 때문입니다. 그리고 이렇게 청소년 약물 남용 예방 교육 도서를 출판하는 일뿐만 아니라 청소년 약물 남용 예방 강의, 캠페인 등 다양한 활동을 펼쳐 나갈 계획입니다.

법무법인 청 대표변호사 곽 준 호

안녕하세요, ☆
곽준호 변호사입니다.

저희 사무실을 찾아 주시는 분들은 대부분 본인 또는 가족이 형사재판을 받고 계실 것입니다. 형사재판을 받는 것은 본인의 인생에서 가장 힘든 순간이라는 사실을 잘 알고 있습니다. 이렇게 인생에서 가장 힘들고 어려운 순간에 저를 찾아주신 점 깊이 감사드립니다.

저 역시 찾아 주시는 분들 한 분 한 분 모두를 소중하게 생각하며, 여러분의 편에 서서 제가 가진 능력과 노하우를 총동원하여 최선을 다하겠습니다.

저는 변호사라는 직업을 참 좋아하고, 의뢰인을 위해 법정에서 열정을 다한 변론을 할 때 살아 있음을 느낍니다. 저로 하여금 제 평생의 직업인 변호사로서 일할 수 있도록 하는 것은 바로 저를 믿고 인생을 맡겨 주시는 의뢰인 분들이라고 생각합니다. 그러므로 어떤 사건에서든 한 치의 소홀함이 있을 수 없습니다. 형사 재판이라는 인생을 건 승부에 서신 의뢰인들과 함께 저 역시 인생을 걸고 최선을 다하겠습니다.

『형사사건에서 변호사의 역할이란 단지 한 사람의 죄를 변호하는 것이 아니라, 그 사람이 살아온 인생을 변호하는 것이라 생각합니다. 그러기 위해서 법무법인 청 변호사들은 의뢰인 한 분 한 분이 살아온 인생의 고뇌와 눈물을 들여다보기 위해 노력하고 있습니다. 의뢰인의 소망을 담아 진실하게 변호하겠습니다.』

법무법인 청 / 형사범죄연구소 대표변호사 곽준호

법무법인 청 / 서울사무소
주소: (06644) 서울특별시 서초구 서초중앙로 125, 로이어즈타워 1006
전화: 010-5234-6415

법무법인 청 / 평택사무소
주소: (17849) 경기도 평택시 평남로 1046-1 502호
전화: 031-8054-8640